논·술·한·국·대·표·문·학

41

설중매·은세계

구연학 | 이인직

훈민출판사

〈은세계〉는 강원도 강릉의 대관령을 배경으로 이야기가 시작된다.

The Best Korean Literature

〈설중매〉는 독립협회를 중심으로 독립운동을 하는 젊은이들의 이야기가 전개되고 있으며, 자유와 민주주의에 바탕을 둔 독립사상, 자유결혼 등을 강조하고 있다.

〈설중매〉는 일본의 작가 스에히로의 〈설중매〉를 번안한 것으로, 눈 속에서 피는 매화처럼 새 시대의 선구적인 지식인 역할을 강조한 작품이다.

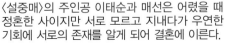
〈설중매〉의 주인공 이태순과 매선은 어렸을 때 정혼한 사이지만 서로 모르고 지내다가 우연한 기회에 서로의 존재를 알게 되어 결혼에 이른다.

〈은세계〉에서는 농민들의 농사에 대한 애정과 소망이 절실하게 묘사되어 있다.

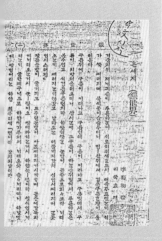
〈은세계〉의 원본

동학 기념탑. 〈설중매〉는 동학농민운동이 일어난 시기를 전후로 하여 부패한 관료들의 실상을 폭로한 작품이다.

전통 연희의 모습. 〈설중매〉에서 이태순은 우리의 전통 연희를 부정하고 서양의 연희를 지향한다.

The Best Korean Literature

〈설중매〉에서 이태순은 옥살이를 하고 난 뒤 북한사라는 절에 머물게 되는데, 그 곳에서 우연히 매선을 만나게 된다.

옛날 상여 매는 모습. 〈은세계〉에서 옥순의 아버지 최병도는 강원 관찰사에게 억울하게 붙잡혀가 죽은 지 칠 일 만에야 장사를 지낸다.

구인환(丘仁煥)

서울대학교 사범대학 졸업. 동 대학원 졸업(문학박사)
서울대학교 명예교수, 소설가(현). 서울대학교 사범대학 국어교육연구소 소장(현)
문학과문학교육연구소 소장(현). 국제펜 한국본부 부회장(현)
한국소설문학상(1987) 예술문화대상(1994) 한국문학상(2000)
작품 〈숨쉬는 영정〉, 〈살아 있는 날들〉, 〈일어서는 산〉 외 다수

- **저서** ≪한국단편소설의 이해≫, ≪한국현대소설의 비평적 성찰≫,
  ≪고교생이 알아야 할 소설≫, ≪고교생이 알아야 할 세계단편소설≫ 외 다수

윤병로(尹柄魯)

성균관대학교 국어국문학과 졸업. 동 대학원 졸업(문학박사)
성균관대학교 교수, 문학평론가(현). 한국현대소설학회장(현)
한국문예학술저작권협회 이사(현). 한국간행물윤리위원회 위원(현)
한국펜 문학상(1987). 한국문학상(1988). 대한민국문학상(1989)
수필집 ≪나의 작은 애인들≫

- **저서** ≪현대 작가론≫, ≪한국 현대 소설의 탐구≫,
  ≪한국 근대 작가 작품 연구≫, ≪한국 현대작가의 문제작 평설≫ 외 다수

홍성암(洪性岩)

고려대학교 국어국문학과 졸업. 한양대학교 대학원 국어국문학과 졸업(문학박사)
동덕여자대학교 교수, 소설가(현). 한국문인협회 회원(현)
한국소설가협회 이사(현). 국제펜 한국본부 소설분과 이사(현). 한민족 문화학회 회장(현)
창작집 ≪큰 물로 가는 큰 고기≫, ≪어떤 귀향≫ 외
대하역사소설 ≪남한산성≫(전9권) 외 다수

- **저서** ≪문학의 이해≫, ≪현대 작가론≫, ≪한국 근대 역사소설 연구≫ 외 다수

기획·감수

〈설중매〉의 원본

논술 한국대표문학을 펴내며

21세기의 사회는 '전자 문명 시대'라 일컬어질 만큼 오늘날 전자 산업은 우리 생활의 거의 모든 분야에 다양하게 응용되고 있습니다. 출판 분야 또한 예외는 아니어서, 종래의 서책(Book) 대신에 이른바 '전자책(CD-ROM)'의 출간이 최근 들어 날로 증가하고 있습니다.

그러나 이러한 전자책은 영상 또는 모니터상으로 흥미 위주나 백과사전식 지식을 습득하는 데는 효과적일지 모르지만, 문학 공부를 위해서는 별로 도움이 되지 않습니다. 바꾸어 말하면, 문학 공부는 각 지면마다 살아 숨쉬는 표현 하나하나를 독자 자신의 머리로 음미하면서 작품을 읽어 나가는 가운데, 풍부한 상상력의 배양과 함께 작가의 의도와 그 작품의 내면을 깊이 있게 이해함으로써 이루어지는 것입니다.

이에 훈민출판사에서는, 자라나는 학생들이 범람하는 영상 매체에 길들여지기 전에, 어려서부터 유명한 세계문학 작품들을 책자를 통하여 감명 깊게 읽고 감상함으로써, 올바른 문학 공부의 기틀을 다지고, 아울러 전인 교육도 할 수 있도록 《논술 한국대표문학(전60권)》을 펴내게 되었습니다.

작품 선정은, 초 · 중 · 고등학교 국어 교과서와 역사 교과서에 실리거나 소개된 문학 작품을 중심으로 하되, 그리스 신화와 성경 이야기 등의 고전에서부터 중세 · 근대 · 현대에 이르기까지 세르반테스 · 셰익스피어 · 톨스토이 등 세계 유명 작가들의 장 · 단편 소설들을 엄선 · 수록하였습니다. 또 세계의 명시도 별권으로 엮었으며, 특히 각 단락마다 '논술 문제'를 제시하여, 장차 대학입시를 비롯한 각종 '논술 고사'에 예비 지식을 쌓을 수 있도록 배려하였습니다. 아무쪼록, 이 《논술 한국대표문학(전60권)》이 자라나는 학생들에게 문학 공부의 주춧돌이 되고, 나아가 미래를 살아가는 데 **정신적 자양분**이 되기를 진심으로 바라 마지않습니다.

훈민출판사

차례

설중매/ 12

은세계/ 86

설중매

구 연 학

지은이

?~? 개화기의 신소설 작가로 1886년 일본 메이지 시대의 작가 스에히로가 쓴 〈설중매〉의 등장인물 및 무대를 1908년에 당시의 우리 나라 사정에 맞추어 재구성 번안하여 〈설중매〉라는 같은 제목으로 발표했다. 이 작품은 개화기의 신소설 창작에 많은 영향을 끼쳤다. 이 밖에 다수의 정치논설도 발표했다.

설 중 매

제1회

"아가 매선아, 이리 좀 오너라. 매선이 거기 있느냐?"
하는 소리는 한 50여 세 된 부인이니, 긴 병이 들어 전신이 파리하고
근력이 쇠약하여 자리에서 이기지 못하고 누워 밭은기침을 하면서 그
딸 장 소저를 부르는 것이라. 소저의 나이 16, 7세는 되었는데, 나직한

소리로 선뜻 대답하며 문을 열고 조용히 들어오더니 베개 옆에 와 나붓이 앉으며,

"어머니, 부르셨습니까. 아까까지 곁에 모시고 있삽더니, 어머니께서 잠이 곤히 드신 듯하기로 밖에 좀 나가 신문을 보았삽나이다. 벌써 네시나 되었사오니 약을 잡수시지 아니하시려나이까."

부인이 얼굴을 찡그리며 가로되,

"약은 그만두어라. 먹기도 지리하다. 매선아, 아마 명이 장구치 못할 듯하다."

소저 초연낙담하여 눈물을 머금다가 다시 생각하고 천연한 목소리로,

"어머니, 어이 그리 심약하신 말씀을 하시나이까. 어젯밤에 의원이 돌아갈 때에 이르는 말씀을 들은즉, 어머니 병환이 이렇듯 미류하사 척골이 되셨으나 아직 그리 연만한 터가 아니시니 약이나 잘 쓰고 조

리하시면 차차 회춘하시리니, 아무 염려하지 말라 하더이다. 어머니, 너무 걱정 마시고 안심하시압소서."

부인이 머리를 세차게 흔들며,

"너의 거짓말 듣기 싫다. 어제 의원이 갈 때에 문간에서 너더러 무슨 말을 하는 모양이기로 귀를 기울이고 들어도 말소리는 들리지 아니하나 너 들어올 때에 너의 눈물 흔적을 보고 의원이 한 말을 대강 짐작하였다."

매선이 아무쪼록 그 모친 마음을 위로하려고 꾸며 대답하되,

"그러함이 아니오. 그때 마침 부엌에서 밥 짓는 연기가 너무 나기로 매워서 눈물을 흘렸삽나이다."

부인 왈,

"그렇지 아니하다. 의원은 무엇이라 말하였는지 모르겠으나, 벌써 일 년이나 지난 중병으로 이같이 신고하여 뼈만 남았으니 어찌 살기를 바라리요."

매선이 느끼며,

"어머니 병환이 회복치 못하시면 소녀 호올로 누구를 의지하고 사오리까. 그런 말씀 하시지 마옵소서."

부인이 눈물을 머금으며,

"나도 죽고 싶지는 아니하나 천명을 어찌하리요. 내가 너를 데리고 고향을 떠나 서울에 온 지 일 년이 못 되어 너의 부친은 세상을 버리시고 금석같이 믿던 심랑은 지금껏 간 곳을 알지 못하고 다만 우리 모녀 서로 의탁하여 지내다가 이렇듯 병이 깊어 이기지 못할 지경에 이르니, 너의 외로운 마음이 오죽하리요. 이는 죽어도 눈을 감지 못할 바로다. 세상을 버리기 전에 너의 말을 듣고자 하는 일이 있도다."

하면서 병의 피곤함을 이기지 못하여 어느덧 슬며시 잠이 드는지라. 매

선이 초연히 넋을 잃은 듯이 앉았으니 얼굴은 백설을 업수이 여기고 콧줄기는 씻은 배추 줄기 같으며, 눈은 새벽별이 비친 듯하고 눈썹은 초승달을 그려 낸 듯한 절대미색으로 수일 전에 땋은 머리채가 반쯤 흐트러져 옥 같은 얼굴을 가리웠는데, 잠든 병모의 얼굴을 바라보면서 방울방울 흐르느니 눈물이라. 일폭 비단 수건으로 씻는 모양은 한 가지 배나무 꽃이 봄비를 띤 듯하더라.

이윽고 부인이 눈을 떠 보고,

"매선아, 그저 여기 앉았느냐. 내가 잠깐 잠이 들었더니 꿈에 너의 부친을 만나 따라가 보았다. 매선아, 내가 아무리 하여도 세상에 오래 있지 못할지라. 네가 지금 심랑을 만나면 그 용모를 기억하겠느냐?"

소저의 옥 같은 얼굴이 홀연히 연지빛이 되며 단순을 열어 대답하되,

"심랑의 사진은 잘 간수하여 두었사오나 전일에 아버님께 듣자오니, 그 사진이 십삼 세 때에 박은 것이라 하온즉, 그 동안 기골이 장대하여 설혹 만나 보아도 자세히 알지 못할까 하나이다."

하면서 애연히 상심이 되어 어린 듯이 앉았거늘, 부인이 이르되,

"너도 아는 바 너의 부친 같으신 호협한 기상으로 일찍이 말씀하시기를, 지금 세상의 계집아이는 예전 풍기와 같지 아니한 고로 침선 방적은 대강이나 알아 두면 그만이로되, 학문은 넉넉히 힘쓰지 아니치 못한다 하여 너로 하여금 서책에 종사케 하시고 아름다운 사위를 얻어 아들과 같이 데리고 있고자 하나, 시골 소년에는 한 사람도 합의한 자 없기로 경성에 가서 서서히 가랑을 택하여 기별하리라 하시고 서울로 가시더니, 그 후 심랑의 인품을 편지로 자세히 기별하시되, 장안에 이같이 장취성 있고 자격이 합당한 남자는 처음 보았기로 사위를 삼을 터이라 하시고 사진까지 박아 보내신 것을 너도 보고 흠앙한 바이거니와, 내가 너를 데리고 경성에 왔더니 심랑은 그 전에 일본으

로 들어갔다 하나 자세한 일은 모르고 소식을 들은즉 국사범에 참여하여 피신한다는 풍설이 있기로 낙담하였으나, 그러나 너의 부친 말씀은 심랑이 학문도 연숙하고 지식도 명민하니 기필코 몹쓸 무리에 참여치 아니하였으리니 이는 무슨 곡절이 있음이라 하시고 어느 누가 무슨 말을 하든지 믿지 아니하시더니, 너의 부친 기세하신 후 벌써 두 해가 되도록 심랑의 소식은 묘연하고 다만 우리 모녀 서로 의탁하여 지내더니, 불행히 나는 병이 깊어 명일 일을 알지 못하겠으니 너도 깊이 생각하여 결정할 일이 있도다."

매선이 묻자와 가로되,

"어머니, 이는 무슨 일을 말씀하심이니까?"

부인이 가로되,

"너는 아무리 하여도 계집아이라 어느 때까지든지 호올로 장씨의 집을 지키고 있지 못할지라, 내가 죽으면 너는 곧 출가하지 아니치 못하리니 얼마든지 심랑의 소식을 기다리고 있으려 하느냐, 다른 곳이라도 합당할진대 즉시 허신코자 하느냐? 나의 듣기를 원하는 바는 다만 이 일이로다. 매선아, 네가 잠잠히 있고 말하지 않으면 내가 너의 마음을 어찌 알리요."

매선이 머리를 숙이고 이윽고 생각하는 모양이러니 수삽한 말로 대답하되,

"심랑이 우리 집과 굳은 언약을 정한 바 아니나 아버님께서 일찍이 말씀하시되, 심랑의 문장과 학문이 타인에 비할 바 아니요, 이미 통혼하였으니 경선히 타처로 언약을 옮기지 말라 하셨을 뿐더러, 소녀도 또한 심랑의 사진을 가졌사온즉, 만일 어머니께서 회춘치 못하시면 가사는 숙부에게 부탁하옵고 소녀는 어느 여학교에 들어가서 공부나 하다가 이삼 년이 지나도록 심랑의 소식을 모르면 그 때는 숙부와 의

논함이 좋을까 하나이다."

부인이 희색이 만면하여 매선의 등을 어루만지며 가로되,

"너의 말을 들으니 내가 안심하여 죽어도 눈을 감으리로다. 너의 부친이 하세하실 때까지 심랑의 일을 잊지 아니하고 말씀하시더니, 그후에 심랑의 사진을 자세히 보니 용모가 너무 엄위하기도 하고 남의 전하는 말도 과히 소요하기로 너의 생각이 어찌 드는지 알지 못하여 심중으로만 걱정하였더니, 인제는 너의 부친의 마음을 본받으리로다. 매선아, 결단코 이삼 년을 기다리면 심랑의 거취를 알 것이니 안심하여 지내어라. 또 할 말이 있다. 너도 아는 바 숙부는 본래 타인이요, 또한 깊이 믿지 못할 사람이라. 우리 집의 약간 재산과 문권은 다 너의 부친이 진력하여 장만하신 바라, 아무쪼록 잘 보전하여 남에게 빼앗기지 말지어다."

이럭저럭 담화하다가 정토사의 저문 쇠북이 울고 추풍이 소슬하여 낙엽이 창을 두드리더라.

제2회

이 때는 춘삼월 호시절이라, 천기가 온화하니 광통교 변 수월루 하에 유인재자의 거마가 낙역부절하는 중에 어느 두 신사가 양복을 선명히 입고 앞서거니 뒤서거니 분분한 거마를 좌우로 피하여 다리를 건너오다가 한 신사가 우연히 다리 가에 붙인 광고를 보니, 금 이십일 오후 일시에 새문 밖 독립회관에서 정치 연설회를 개최한다 하고 그 옆에 허다한 출석 변사의 성명을 기록한지라. 같이 오는 친구를 불러 말하되,

"오늘 독립회관 연설회에 가 보지 아니하려는가?"

앞에 가던 사람이,

"아무려나 가 볼까. 추우강남이라 하는 말도 있으니."

하면서 두 사람이 서문 밖으로 나아갈 새,

"여보게, 엔간히 사람이 많이 모였으리. 연설도 오래간만이지마는 오늘은 더구나 연설마다나 한다는 사람의 성명이 이삼 인 되는 고로 노는 사람들은 필경 모두 왔을까 하네. 그러나 문간에 순검들이 또 있을 터이니 연설도 좋지마는 순검의 서신은 실로 아니꼽데."

"여보게, 그 말 말게. 자기가 범법만 아니하면 그만이지 순검이 상관 있나."

이와 같이 담화하는 중 벌써 독립관에 당도하였더라.

문간에 순검이 서서 들어가는 사람마다 불러 성명을 조사하다가 학도같이 보이는 사람은 그 거주와 통호를 수첩에 적고 분명히 학도가 아님을 변명한 후에 입장하게 하더라. 원래 어느 정치 연설이든지 그 발기한 자가 연설의 문제와 대의를 일일이 먼저 고하여 치안의 방해가 될 듯하면 인가하지 아니하고, 또 연설장에 경찰관이 출장하여 언론의 과격함이 있으면 중지시키고 방청하는 사람을 해산케 하니, 대체 광무 연간에 외국 유학한 생도 중 정치를 개량하고 국세를 유지코자 하여 세력이 너무 강대하며, 언론이 또한 과격하여 일세를 경동하고 정부를 공격하거늘, 이러므로 정부에서 율문을 제정하여 단속을 엄중히 하는 고로 각처 연설회와 각 학교 토론회까지 모두 금지하니, 이는 빙설이 들에 덮여 초목이 영락함과 같아서 참담한 기상이 있더라. 그러나 군음이 궁극함에 일양이 회복함은 천지의 떳떳한 이치라. 마침내 한 호걸의 선배가 세상을 나서 성심으로 상하를 감동하고 사회를 조직하여 점차로 정치 개혁할 사상을 일으키려 함이 풍설의 간고함을 돌아보지 아니하고 백화의 괴수가 되어 춘색을 만회코자 하니, 어느 사람이 그 높은 절개를 흠모치 아니리요.

그 때 두 신사가 순검의 허가를 얻어 당상에 오르니, 백여 간 대청에 방청하는 사람이 가득하여 송곳 꽂을 틈이 없는데, 정면에는 팔선 탁자를 놓고 한 변사가 그 위에 서서 한참 연설하는 중에 웃는 자도 있으며 부르짖는 사람도 있어 가부의 평론이 분분하고, 그 변사 옆에는 두 경문관이 복장에 칼을 짚고 엄연히 교의에 걸터앉았으며, 서기 일인은 손에 연필을 가지고 자주 연설의 대의를 필기하고 동벽에는 육칠 장 되는 종이에 변사의 성명과 연설의 문제를 써서 걸었으되, 제 일에는 가로되 '분발함'이니 변사에 권중국이요, 제 이는 가로되 '동포 형제에게 바라는 바가 있다' 하였으니 변사에 전학삼이요, 제 삼에는 가로되 '동등의 권리'니 변사에 문전철이요, 제 사는 가로되 '사회 형편은 행인의 거취와 같다' 하였으니 변사에 이태순이요, 제 오에는 가로되 '누가 정당의 경쟁에 권리를 무용하다 하리요' 하였으니 변사에 하상천이요, 그 나머지 종이는 바람에 불리고 또 변사의 등에 가리운 바 되어 일일이 보이지 아니하더라.

단 위에 선 변사는 삼사십 분 동안이나 연설한 모양인데 면상에 홍색을 띠고 유리병의 물을 찻종에 따라 한숨에 들이마시고 다시 연설하여 가로되,

"나의 말씀한 바 권리가 동등이 됨은 여러분도 다 아시는 바이어니와, 타일 협회 성립할 때에 재산과 지식이 없는 자라 하여 하등 인민을 정권에 참여치 못하게 할 이치가 없는 것은 명백함이오. 구라파에서도 영·미 제국은 동등 권리의 주의를 행하고 호올로 압제를 주장하는 덕국과 아라사국 등에는 전제정치를 행하여 형법상에는 편리하나 인민의 권리는 조금도 진보되지 못하였으니, 여러분은 우리 나라 정치 개량을 영·미 제국을 본받을지요, 덕국과 아라사같이 전제정치를 행치 말지어다."

연설을 마친 후 주먹으로 탁자를 두드리고 단에서 내려오니 좌상의 갈채하는 소리 요란하더니 뒤미처 한 소년이 나와 단 위에 오르니, 그 소년의 나이는 이십사오 세 가량이요, 몸은 조금 파리한 듯하고 흰 얼굴에 검은 눈썹이요, 입술이 붉고 눈이 맑으며 위의 당당하여 사람이 감히 범하지 못할 듯하더라. 그러하나 다만 머리에 운동 모자를 쓰고 몸에 회색 목주의를 입었으며 헌 구두를 신었으니 묻지 아니하여도 초초한 일개 서생인 줄 알겠더라. 탁자 위에 있는 유리병의 물을 찻종에 따라 들고 여러 사람을 향하여 머리를 굽혀 예하고 바야흐로 입을 열어 말하고자 할 새, 처처에서 손뼉치는 소리 요란한데 그 소년이 의기안한하여 조금도 급거한 사색이 없고 먼저 자기의 성명은 이태순이라 통한 후, 백 리 갈 사람은 구십 리에 그치지 아니한다는 말로 인증하되, 한 사람이 지방에 내려갈 새 일찍 신지에 도달하려 하였더니 도로가 험하

여 인력거를 마음대로 몰지 못하고, 또 중로에서 풍우를 만나 곤란함을 겪고 밤중까지 겨우 삼십 리 갔다는 말을 하면서 홀연히 눈을 크게 뜨고 소리를 높여 가로되,

"다만 하루에 수십 리 길 가는 사람도 오히려 이러한 일이 있으니, 특별히 십 년을 작정하고 만 리를 가려 할진대 깊이 생각하지 아니하면 되지 못할 바이라. 벌써 다섯 해를 지나도록 큰 산 한 곳도 넘지 아니하고 깊은 물 한 곳도 건너지 못하면, 이 다음 또 다섯 해 동안에 처음에 작정한 곳에 다다를 일은 생각도 못할 바라. 그러한즉 장래 우리 협회 확장함을 깊이 예산치 아니하면 불가할지로다."

이 때에 소년의 용모가 엄연하고 연사가 활달하매, 방청의 갈채하는 소리 사벽을 진동하며 여러 사람의 눈이 다 소년의 얼굴로 쏘이더라. 소년이 서서히 찻종의 물을 마시고 다시 가로되,

"여러분, 연전 일을 생각하여 보시오. 우리 동포 형제 중에 신공기를 흡수하신 신사들이 정치 사상이 간절하여 독립협회를 창기하매, 각처의 유지하신 선비들이 서로 소리를 응하여 재조하신 신사와 재야하신 사자를 권면하여 일심으로 단체를 결합코자 할 새 풍우를 피치 아니하며 한서를 무릅써 신세의 간고함을 사양치 못하고 시사의 급업함을 개탄하여 회포를 부르짖고 사회에 분주하여 근근히 협회를 창기하였으나 생각하면 마치 갈 사람이 처음으로 집을 떠나서 백 리 운산을 운무 아득한 중에 바라보는 것 같도다. 그러하나 세상의 무슨 일이든지 처음부터 완전함은 구치 못할지라. 오늘날 그 때 성립한 회당의 형편을 생각하면 무수한 각색 폐단이 있으니, 우리 나라가 근 천 년을 남에게 의뢰하던 습관을 혁파하지 못하여 독립의 사상을 연구하며 자유의 권력을 양성치 못하고 다만 급거히 정부를 공격할 뿐이라. 규모의 개량치 못하면 마침내 협회의 세력이 완전치 못할지라. 태순이

비록 불민하나 그 때에 극진히 협회 규모 개량할 방침을 생각하였으니, 제 일은 문벌에 거리끼지 아니하고 다만 인재를 가리어 정부에 등용함이요, 제 이는 널리 배운 선비와 실지 공부 있는 사람을 회중에 망라하여 활발한 운동을 시험함이요, 제 삼은 허탄하여 사실의 기초가 되지 못하고 격렬하여 공격하는 성질을 포함한 언론을 금지하여 전국에 정치 사상을 일으킴이요, 제 사는 회중에 과정을 나누어 입법·행정의 사무를 조사하여 어느 때든지 국가의 대사를 담당할 만한 준비를 정리함이니 회중에 이 같은 정당이 없으면 협회가 확장될지라도 실지의 이익을 보지 못하리로다. 그러하니 일시 성립되었던 회당은 공중의 부운같이 사라져 버리고, 장래의 준비는 한 가지도 정리한 바 없이 벌써 이삼 년을 지냈으니, 이는 곧 백 리 길 갈 사람이 겨우 이삼십 리를 가서 해가 저문 것과 같으니 지금부터 바삐 갈지라도 가는 길에 높은 산도 있고 큰 내도 있으며 혹 뜻밖에 풍우를 만남도 있으리니, 매우 주의치 아니하면 밤길 가는 위태함을 면치 못하리로다.”

이 때에 갈채하는 소리가 만장일치하여 진실로 변사의 괴수가 되리라 하더라. 소년이 면상에 초창한 빛을 띠고 가로되,

“슬프다. 사오 년 전에 사방의 협회당이 벌처럼 일어나 사회 준비에 분주할 새, 여러분 그 때 생각에 삼사 년이 지나면 일국이 결합하여 협회의 확장함을 보리라 하였을 터이나, 오늘날 당하여 형편은 비유할진대 백일이 서천에 기울어졌는데 행인이 주점에서 낮잠이 곤히 든지라 옆의 사람이 흔들어도 눈도 뜨지 아니함과 같으니, 이러한즉 어느 때나 협회가 확장되리요. 사회를 성취코자 하는 자는 오늘날 먼저 전정의 방침을 정하여 운동할지니, 내가 지금 시험하여 나의 생각을 말씀하리니 여러분은 용서하여 들으심을 바라오. 제 일은 학문가와

실지가의 화동함을 구할지니, 연전에 협회가 사분오열하여 결합치 못함은 학문가와 실지가가 서로 방탄이 됨을 인함이라 장래 사회를 위하여 주의할 바요, 제 이는 문벌 지키는 부패한 사상을 버릴지니 우리는 다같이 대한 동포 형제라. 문호를 교계하여 당파를 분열하는 습관을 버리지 아니하면 협회가 성립치 못할 것이요, 제 삼은 격렬한 언론으로 하등 인민의 열심을 감발함이 또한 사회상에 일시 방침이 될지라도 필경 결과의 후환이 되리니 십분 주의하여 보통 지식으로 인도할 것이요, 제 사는 오활한 의논을 물리치고 실지 사업을 힘씀이 금일의 급무가 될지니 민정을 익히 알며 세계 형편을 두루 살피고 법률 제도와 군정, 경찰과 철도, 전신까지 실지로 조사치 아니하면 협회가 설립될지라도 정치를 못하리니, 여러분 오늘날부터 이 네 조목을 주의하여 날이 저물고 길이 먼 한탄이 없게 함을 바라노라."

이같이 열심하여 연설을 마치고 여러 손님께 경례한 후 단에 내리매 만당의 박수하는 소리 그치지 아니하더라. 인하여 간사원이 단 위에 나와 말씀하되, 하상천 씨는 병으로 출석치 못하기로 그만 폐회를 고한다 하거늘, 수백 명이 일시에 나갈 새 회관 문 앞이 개미 떼가 구멍으로 나오는 것 같더라.

제 3 회

"소진이 진왕을 달래어 열 번이나 상소하되, 그 말을 듣지 아니하는 고로 검은 갓옷이 하얘지고 황금이 다하여 객비가 핍절하매, 서책과 행장을 이끌고 고향에 돌아가니 형용이 초췌하고 면목이 가증하여 부끄러운 빛이 있는지라. 그 아내는 베틀에 내리지 아니하고 제수는 밥을 짓지 않으며 부모는 접어하지 아니하는지라. 소진이 위연히 탄식하고 그 날 밤부터 서책을 뒤져 강태공의 ≪음부경≫을 내어 읽을 새 잠이 오면 송곳으로 다리를 찔러 피가 흘러 발등까지 내려오며 왈, '어찌 인군을 달래어 부귀와 공명을 얻지 못하느뇨' 하더니, 일 년 만에 공부가 성취한지라. 이로 좇아 능히 당시 인군을 달래었도다."

하면서 탄식하는 한 서생이 ≪전국책≫을 읽을 새 아프고 간절한 사정이 마을을 감동시키니 이는 진실로 유명한 글이라. 소진이 고심하던 모양을 핍절히 그려 내었도다. 다만 세 치 혀로써 한 세상을 놀래고 움직이던 호걸로 처음에 부녀에게도 업수이 여김을 받아 큰소리를 못하였으니 가엾도다. 인정이 고금의 다름이 어찌 있으리요. 이렇듯 너른 세상에 나의 뜻을 아는 자 없어 이 때까지 무슨 일이든지 실패되어 객주 주인에게도 식채를 지고 큰소리를 못하니 이는 진실로 개탄할 바이로다. 그러하나 간고함은 장래 대업을 이루는 근본이어니와, 아직 세상에 이름을 나타내지 못하고 공명이 지완하여 부모에게 수다한 걱정을 끼침은 불초함을 면치 못할 바라 하여 근심에 잠겼다가 다시 두르쳐 생각하되 이만한 일을 어찌 억제치 못하리요. 소진도 일시의 곤란을 겪으며 뜻을 가다듬어 필경 육국 상인을 허리에 띠었다 하니, 나도 재주와 담력을 가지고 신고를 견디어 큰 사업을 성취할지니, 속담에 이르되 '고진감래'라 하고 '궁한즉 통한다' 하니 좋은 때 돌아오기를 기다릴지로다 하면서 책상을 의지하여 탄식도 하며 신음도 하니 이는 곧 독립회관에서 연설하던 이태순이라.

사오 간쯤 되는 객줏집 아랫방에 낡은 자리는 군데군데 하얘지고 창살이 바람에 울리며 햇빛은 내리쪼이는데, 상 위에 서양 서적 육칠 권과 당판책 오륙 질을 여기저기 벌여 놓고, 그 옆에 보던 편지, 휴지는 산란히 흐트러져 있으며, 상자 위에 입던 옷을 걸쳐 놓고 연상에는 모지러진 붓 두어 자루를 필통에 꽂아 놓고, 붉은 담요 하나를 네 가닥으로 접어 깔았으니, 이는 매우 가난한 객줏집 본색인 줄 가히 알겠더라.

마침 밖에서 찾는 소리 나며 문을 열고 들어오니, 이는 전성조라 하는 친구라. 양복을 선명히 입고 시곗줄을 길게 늘이고 눈을 크게 떠 사방을 둘러보다가 앉으며 예하거늘, 태순이 황망히 답례하며 가까이 앉음을 청하고 아이를 불러 화로와 차를 가져오라 하니 성조 가로되,

"차는 제례하고 이야기나 하세. 일전에 자네 두 번 연설은 세상에 매우 소문이 났네. 자네는 학문도 넉넉하거니와 언사도 잘 하니 진실로 부럽네. 그 번에 회관에서 연설할 때에 두 번이나 어떠한 계집이 자네 얼굴만 유심히 보기로 정녕이 자네와 상관이 되었다는 소문까지 있데."

태순이 정색하며,

"나는 어느 계집이 왔든지 부인이 왔든지 자세히 여겨보지도 아니하였노라."

성조 웃으며 가로되,

"자네인들 그러한 미색이 눈에 들지 아니한단 말인가?"

태순이 대답하되,

"내가 비록 용렬하나 연설장에서 부인에게 마음을 두는 정신 없는 사람은 아니로다."

하면서 기색이 불평하거늘 성조가 얼굴이 붉으며,

"자네가 상관하였다는 말이 아니요, 그 여자가 자네를 욕심내어 상관코자 하는 모양이라 하는 말이나 그 말은 그만두고 자네 무슨 근심이 있는지 아까부터 안색이 불평하니 어찐 연고이뇨?"

태순이 대답하되,

"근심이라 할 것은 없으나, 조금 관심 되는 일이 있도다."

성조가 웃으며 이르되,

"불평한 것은 유지한 사람의 떳떳함이라. 지금 세상에 충분 있는 남자들이 누가 국사에 대하여 강개하고 통분치 않으리요마는, 특별히 자네 같은 유지한 남자는 쓰이지 아니하고 용렬한 무리들이 양양자득함은 진실로 거꾸로 된 일이나, 필경 자네 같은 사람은 뜻을 이룰 기회가 멀지 아니하리로다."

하면서 가장 강개한 체하여 태순의 안색을 살펴보거늘, 태순이 태연히 마음을 움직이지 아니하고 웃으며 가로되,

"나의 불평함은 자네의 말한 바가 아니로다."

성조가 다시 묻되,

"그러할진대 무슨 불평한 일이 있음이뇨?"

태순이 대답하되,

"이는 이야기하기도 도리어 용졸하여 말하기 어렵도다."

성조가 가로되,

"자네 일이야 무슨 일이든지 나를 대하여 말 못할 바 어디 있으리요. 나라도 도울 만한 일이 있을진대 진력할지니, 듣기를 원하노라."

태순이 추연히 말하되,

"나도 사방에 표박하여 아무 일도 이룬 바 없고 세월만 헛되어 보내며 경성에 온 후로부터 서책을 번역하여 생계를 하더니, 거월에 근대사 초권을 어느 서관에게 출판할 차로 가져갔더니, 아무리 재촉하여도 번역비를 보내지 아니하여 거월부터 식가를 갚지 못하였기로 아까도 주인에게 불쾌한 말을 듣고 심화가 나는 중에 마침 시골집 편지를 보니, 양친이 나의 직업 없음을 걱정하여 벼슬이 되지 아니하거든 하루라도 바삐 내려오라 하였으니, 오늘날을 당하여 대답할 말씀이 없으며 번역하여 책권이나 만들면 혼자 생계는 되나, 연로하신 양친의 봉양할 도리가 없으니 이로 걱정이로다."

성조가 머리 긁으며 가로되,

"자네도 양친이 계셔 매사를 간섭하시는 모양이나 우리 부형들도 너무 완고하셔서 참 민망하여 견딜 수 없데. 나의 소소한 월급량이라도 돈을 좀 보내어라, 집에나 좀 다녀가거라, 별 말씀을 다 하시니, 원래 사십 이후 사람들은 세상 형편을 모르기로 장성한 자식을 어린아이와 같이 신칙하여 진퇴를 마음대로 못하게 할 뿐 아니라 가만히 들어앉아서 자식의 봉양이나 받으려 하는 모양일세. 자네도 아는 바 서양서는 부모가 자식에게 재산을 전하여 주는 일은 있으나, 자식이 부모를 들여앉히고 공급하는 규모는 없지 아니한가. 자네도 사회를 개량코자 하는 사람이니 말이로세."

하면서 의기양양하여 지껄이거늘 태순이 잠잠히 앉아 듣다가 오래간만에 가로되,

"자네 말은 나의 마음과 같지 아니하도다. 서양 풍속이라고 어찌 다 아름다우며 우리 나라 풍속이기로 다 악하리요. 마땅히 그 긴 것은 취하고 짧은 것은 버릴지라. 부자의 관계는 우리 나라에서 순실한 도덕을 주장하여 극히 아름다우나, 법이 오래면 폐가 생김은 면키 어려움이라. 근래에 부모가 자녀를 노예같이 대하여 완고한 구속으로 전정을 그르치는 것은 거세가 일반이라. 사회상 발달에 방해가 되게 하니 우리가 마땅히 진력하여 이 폐단을 없이 할 터이나, 이 일을 행코자 할진대 차서가 있어 천륜을 상치 말며 감정이 없도록 할 바이니 우리 부모들은 아직 동양의 전하여 오던 습관을 당연한 바로 아는데, 자식들은 서양 풍속을 홀지에 행코자 하면 피차의 생각이 같지 아니하여 가정의 풍파를 일으키고 천륜의 친애함을 잃어버릴지라. 하물며 우리를 아이 때부터 부모가 구로하심을 모르시고 양육하심은 우리 장성한 후 만년에 재미를 보고자 하심이어늘, 만일 나의 한 몸만 생각

하여 부모를 돌아보지 아니하고 곧 서양 풍속을 가정에 행함은 무리한 일이오. 우리는 자식을 두거든 저의 임의로 직업에 나아가게 하고 우리는 자기의 재산으로 몸에 맞도록 생계함이 당연하나, 동양의 습관으로 당연한 법리로 아시는 부모에게 서양 각국의 규모를 행코자 함은 불가한지라. 오늘날 서양 아름다운 풍속에 한 지아비가 한 지어미를 거느리는 규모도 본받지 못하고 문명이니 개화니 하여 부모의 은덕을 먼저 저버리고 돌아보지 아니하는 자도 많이 있으나, 부모도 모르는 사람이 어찌 사회상에 열심하여 몸을 잊어버리리요."

하면서 언론이 창쾌하거늘, 성조가 마음에 생각하되 부질없는 말을 내가 하였다 하면서 외면으로는 그러하지 않은 체하고 대답하되,

"지금 자네 말을 들으니 나도 비로소 꿈을 깨달은 듯하거니와 자네는 참 효자이로다. 그러하나 지금 자네 말도 사회를 위하여 몸을 잊어버린다 하니, 자네는 양친이 계셔도 부득이한 경우를 당하면 나라를 위하여 몸을 버릴 결심이 있는가?"

태순이 그 말을 듣더니 한참 주목하여 성조를 보다가 가로되,

"이는 별로히 물을 바 아니라. 나도 사회를 조직하여 세상에 행복히 될 바 있을진대 몸을 버리더라도 사회를 위하여 힘을 다할지니, 구구히 목전의 간고함을 두려워하면 자손을 위하여 행복의 사회를 설립치 못하리니, 나도 대답은 못하나 사회에 나간 후에는 아무리 불행한 일을 만날지라도 뜻을 변치 아니할지며, 부모도 응당 허락하시리로다. 근일에 유지하다는 사람도 믿기 어렵도다. 처음에는 매우 열심하다가 필경은 목적이 변하여 반대하는 자도 적지 아니하니 어찌할 수 없도다."

성조가 그 말을 듣더니 가장 열심을 내는 듯이 가까이 앉으며,

"참 자네 말대로 연전에 협회당이라고 떠들던 사람의 이허를 파 보면

결심이 조금도 없어 목숨만 돌아보는 고로 대사를 이루지 못한지라, 소홀히 사회를 개혁코자 함은 부질없는 일이로다. 우리도 여간 운동으로는 목적을 달치 못하리니 결사당을 조직하여 비밀한 수단을 쓸밖에 없네."

태순이 정색하며,

"이 사람 떠들지 말지어다. 자네 말 같을진대 과격한 수단을 좋아하나, 나는 공론을 좇아 정치를 개량함이 합당하노니, 앞뒤를 돌아보지 아니하고 낭패스러운 일은 단정코 할 바이 아니니라."

성조가 홀연히 얼굴이 붉으며,

"자네는 고식지계만 함이로다. 우리가 진실한 자유 권리를 확장코자 하매 범상한 수단으로는 되지 못하니라."

태순이 가로되,

"자네도 연전 협회당의 하던 말을 또 하나 깊이 생각하여 볼지니, 전국에 순검과 병정이 편만하여 민간에 아무리 불평한 일이 있을지라도 세력으로 별안간에 정부를 항거치 못하리니, 원래 사회라 하는 것은 강한 자가 이기고 약한 자가 패할지라. 정치가로서 자담하는 자는 정치 권리를 바라지 아니할 자 없을 것이요, 정부에 있어 지위를 얻은 자는 권력을 유지하여 타인에게 빼앗기지 아니하도록 주의할 바요, 사회 중에서도 뜻을 얻은 자는 기회를 타서 정권을 잡으려 함은 곧 생존경쟁하는 자연한 형세라. 서양 각국 정치도 다만 이 경쟁하는 세력만 있을 뿐이요, 실상 이치는 아무것도 없다 할지로다. 또 전제정치를 쓰는 나라는 입헌정치와 같지 아니하여 그 지위를 당한 자가 기초를 공고히 하고 성벽을 견고케 하매, 인민이 용이히 경쟁치 못하나니 정부에서는 임의로 법률을 지으며 임의로 조세를 받고 병정과 순검도 다 정부의 지휘를 좇아 동하는 고로 위험한 수단으로 정부 항거하는 자를 제어하기 용이하니, 대저 사회 주장을 장담하는 자가 깊이 주의할 바이로다."

성조 가로되,

"세상에서 그대는 사회상에 격렬한 마음과 수단이 있는 사람으로 지목하더니, 지금 그대 말하는 바를 들은즉 실상은 그러하지 아니한 듯하며, 자네 말과 같을진대 세상일을 다 정부에 맡겨 버려 두어도 좋을 것 같으나 오늘날 형편을 보면 장래 사회가 어찌 되는지 듣기를 원하노라."

태순이 답 왈,

"인민이 분발한즉 국가의 유지자가 될 것이요, 공론이 균일한즉 완전한 협회가 되리로다."

성조 왈,

"그대의 말을 짐작하나 회원들이 다 그대 마음과 다름이 없다 하는지 듣기를 청하노라."

태순이 이윽히 생각하다가 가로되,

"하상천은 권모가 있어 그 마음을 헤아리기 어려우나 시세 형편을 보는 재주가 있으니 아니 될 일을 할 이치는 없거니와, 다만 재물에 정신을 잃어버림은 흠절이요, 문전철은 정직한 사람이나 언론이 너무 황당하여 심려할 바이로다."

성조가 홀연히 무슨 일을 생각하는 모양으로 시계를 내어보며 가로되,

"벌써 네시가 지났도다. 오늘 세시 반에 남문 밖에 나가기로 문전철과 언약하였더니 이야기에 팔린 바가 되어 잊어버렸도다. 오늘은 해공을 많이 시켜 불안하노라."

하고 즉시 몸을 일으켜 나갈 새, 태순이 문 밖에까지 따라나가 전송하

고 들어와 앉아서 혼잣말로,

"그 사람이 학문이 없으나 두루 박람한 일이 있어 모르는 일이 없기로 사귈 만한 벗이라 하였더니, 오늘 하던 말 같을진대 불량한 사람이라. 대저 전후를 헤아리지 아니하고 남을 선동하기만 좋아하는 자는 가까이할 바 아니어니와 회중에도 아마 전성조와 같은 사람도 많이 있으리로다."

하더니 별안간 문 밖에 인적이 있으며,

"서방님 계시오?"

하는 소리에 태순이 놀라 안색이 변터라.

제4회

서방님을 찾으며 들어오는 사람은 그 집 주인 구두쇠라 하는 자라. 나인 사십오륙 세 가량이요, 얼굴은 몹시 얽고 찌그러져서 꿈에도 보고 싶지 아니한 상판에 거무충충한 무명 두루마기를 입고 단상투 바람으로 주제넘게 태순의 앞으로 와락 대들어 앉으며 쌈지를 끄르더니 장죽을 딱딱 떨면서 태순의 얼굴을 치어다보고 하는 말이,

"서방님은 아마 나더러 야속하다 할 터이나 나도 군색하여 또 재촉하오. 아까 말씀하던 것은 어찌할 터이오?"

태순이 불안한 빛을 띠고 대답하되,

"참 자네 볼 낯이 없으나 수일 기다리면 책값이 생길 터일세."

구두쇠 껄껄 웃으며,

"서방님, 요사이 책값 책값 하시니 언제나 되겠소. 우리 아는 사람에도 책 만드는 사람이 있으나 요사이 매매가 없어서 아무리 좋은 책이라도 팔리지 아니한다 하압더이다. 내가 수년 밥장사하기로 서생들을

많이 지내 보았으나 처음은 집에서 객비도 보내고 동향 친구의 주선도 있어서 이삼 삭은 어찌하든지 밥값을 잘 주다가 차차 건체되어 셈을 내지 못하고 도망하여 간 곳도 모르는 사람이 얼마인지 모르겠소. 서방님은 그러할 이치는 없으나 나도 옹색하여 언제까지든 기다릴 수는 없으니 오늘은 절반이라도 주지 못할 터이면 아무리 불안하나 갚을 돈을 보증 얻어 세우고 다른 데로 가시오."

태순의 안색이 붉으며,

"주인의 말이 당연하나 어느 친구에게 부탁한 일이 있으니 아무리 염치는 없으되 잠시만 기다리기를 원하노라."

구두쇠가 품에서 치부책을 내어놓으며,

"서방님, 이것 좀 보시오. 처음 오실 때 한 달에 오 원 오십 전씩하는 밥값을 특별히 오 원씩 작정하고 정결한 처소를 가리어 드렸더니, 거월부터 식가도 받지 못하고 손님 대접한 주육값도 먼저 치르고 우표값까지 합하여 팔 원 구십육 전이오니, 물가도 비싸며 집세도 물 수 없고 또 근래는 청결부비도 대단하여 잠시 견딜 수 없으니 아무 주선을 하든지 식가를 지금 주시오."

하며 욕설이 나올 듯하니, 태순이 일변으로는 분연하나 빚진 죄인이 되어 대답치 못할 경우를 당하매 연설장에서는 수천 인을 일시에 감동하는 구변으로도 아무 말도 못하고 심중에 분함을 억제하여 좋은 말로 대답하나, 구두쇠는 얼굴이 푸르락붉으락하면서 무엇이라고 지껄이는데, 마침 그 때에 가만히 문을 열고 들어오는 사람은 이 집의 사역하는 계집아이인데 이름은 금년이요, 나이는 십육칠 세쯤 되고, 의복은 화려치 아니하나 사람됨이 영리하고 얼굴도 그다지 밉지 아니한 모양으로 손에 편지를 들고 태순의 앞에 나아와,

"서방님, 어디서 편지 왔삽나이다."

태순이 그 편지를 받아 보니 겉봉에 하였으되,

"이태순 선생 여차 입납 무명씨 상장."

이라 하였더라. 태순이 마음에 이상히 여겨 편지 봉을 떼어 보니, 백지 별봉 하나가 무릎 위에 떨어지고 그 별봉에 썼으되,

"금자 삼십 원."

이라 하였더라. 태순이 그 까닭을 알지 못하나 편지를 펴 보니 자획도 기발하고 사연도 능란하니 그 글에 하였으되,

"슬프다. 대장부가 세상에 나서 몸을 버려 나라에 허락함은 떳떳한 일이라. 그대의 근본 뜻을 이룸이 머지 아니할지니 목전에 군색함을 근심 말지어다. 무례함을 돌아보지 아니하고 별봉을 바치나니 지금은 아직 나의 종적을 명백히 말씀하지 못할지라, 부득이하여 모르게 보내오니 다른 날 의심 구름이 걷고 청천 백일에 한가히 담화할 때가 있으리니 타인에게 보이지 말기를 원하노라."

하였더라.

태순이 두세 번 편지를 펴 보아도 누구의 편지인지 알지 못할지라. 별봉을 떼어 보니 과연 지폐 삼십 원이 들었거늘, 심히 이상히 여겨 한참이나 눈썹을 찡그리고 앉았다가 금년을 불러 묻되,

"이 편지가 어디서 왔다 하며 그 하인이 있거든 자세히 물어보아라."

"어디서 왔는지 알지 못하나 하인은 인력거꾼 같은데, 편지는 두고 간다 하고 즉시 어디로 가압더이다."

태순이 하릴없이 다시 편지를 보니 아무리 하여도 보지 못하던 글씨라. 문장이 간단하고 사의가 극진하나 누가 보낸 것인지 조금도 생각이 나지 아니하는데, 이 때에 구두쇠는 우두커니 옆에 앉아서 그 동정을 보더니 큰 입이 딱 벌어지며,

"서방님, 알지 못하는 사람에게서 돈이 왔단 말이오? 참 희한한 일이

로소이다."

태순이 가장 엄전한 목소리로,

"글쎄, 받는 것이 옳을지 모르나 나의 성명이 씌었으니 아마 잘못 오지는 아니한 것이로다."

돈 봉지를 구두쇠 앞으로 던지며,

"이 속에서 식가를 제하라."

하니, 구두쇠가 한없이 기꺼워하며,

"서방님은 참 영웅이로소이다. 성명을 숨기고 금자를 보내옴은 세상에 없는 일이니, 서방님은 젊으신 터에 공부 잘한다 우리 집안 사람들이 칭찬하오며, 연설도 잘한다 세상에 소문이 있으니, 공명을 이루실 날이 멀지 아니하리로소이다."

하더니 금년을 불러 이르되,

"안에 들어가 차를 가져오너라. 화롯불도 꺼졌다. 벗어 놓으신 의복은 저렇게 내어버려 두는 법이 있느냐. 좀 개켜 놓아라."

이렇듯 별안간 공손하여지니 지전의 효력이 태순의 권리보다 나음을 가히 알터라. 구두쇠가 지폐를 세면서,

"서방님, 지난 달 식가 오 원만 먼저 가져가오니 나머지는 월종에 셈하옵소서. 그런데 서방님께 여짜올 말씀이 있으되 이 때까지 잊어버렸습니다. 서방님도 아시는 바 저편 방에 있던 학도가 거월에 시골 갈 때 밥값을 내지 못하여 책을 오륙 권이나 두고 갔는데 값도 매우 헐하오니 사 보시지 아니하려나이까."

태순이 이르되,

"한적중이 보던 책이면 좋은 책일 듯하니 잠시 보기를 바라노라."

구두쇠가 지전을 싸 갖고 들어가더니 낡은 책 칠팔 권을 갖다 놓는지라, 그 제목을 보니 정다산의 문집 네 권과 일어 국민 독본 두 권과 일

영 자전 다이아몬드 한 권이라.

　"이 책은 하나도 나에게 쓸 것 없으나 문전철이라 하는 친구가 다이아몬드라 하는 책을 구하니 오십 전이면 사 두었다가 줄까 하노라."

　구두쇠가 책을 집어 들고 가로되,

　"서방님, 보십시오. 이렇게 참깨 같은 글씨도 읽을 수 있삽나이까? 아까 서방님 무슨 책이라 하셨던지요?"

　태순이 웃으며,

　"다이아몬드라 하는 옥편일세."

하며 벼룻집을 열고 주지를 내어 편지를 쓸 새, 구두쇠는 다른 책을 정리하며,

　"다이, 다이, 다이너마이트, 이것 이외에는 사지 아니하시나이까?"

　태순 왈,

　"아직 이 책밖에는 아니 사겠네. 아차, 잘못 썼다. 주인이 옆에서 다이너마이트라 하기로 편지에도 다이너마이트라 썼네. 다이너마이트를 샀다 하면 폭동당으로 알게? 고쳐야 하겠다."

하고 대여섯 글자를 흐리고 다시 써 편지를 봉투에 넣고 왈,

　"주인이 어찌 다이너마이트라 하는 것을 아는가?"

　구두쇠 대답하되,

　"향자에 집에 있는 손님들이 신문을 보다가 다이너마이트를 맞추었다 하던 그 소리가 귀에 젖었사오이다."

　태순이 웃으며,

　"다이너마이트는 폭발약이라는 것일세. 주인, 수고스럽지마는 이 편지를 우체통에 넣고 금년이 시켜 불을 켜게 하라."

하더라. 옛말에 하되, 화복이 뜻밖에 나온다 하더니, 이 때에 태순이 장차 액운을 만남이 지금 켜는 등불에 바람 불어오는 것 같아 귀신의 능

력으로도 면치 못할 바더라.

제5회

"하상천이, 그만 일어나지 아니하나? 잠도 한이 있지 벌써 아홉시가
되었네."
하는 소리에 한낱 서생이 이불 속에서 고개를 들고,
　"아, 어제 저녁에 늦게 잤더니 매우 곤하다. 자네 어느 때에 왔던가.
　아주 몰랐네."
　"여보게, 일어나게. 오늘 신문에 큰일났네."
　"또 사람을 놀래고 나중에 깔깔 웃으려고?"
　"아니, 거짓말 아닐세. 이 신문 좀 보게."
　서생이 신문을 집어 보니 제목에 '양씨 구류' 라 하였는데, 근래 독립
협회 중에 유명한 이태순 씨는 작일 오전 십시에 상동 여관에서 잡히고
문전철 씨는 일본에 유학할 차로 부산까지 가서 윤선 회사에서 잡혀 경
성 경무 북서로 보내었다는 풍설이 있는데, 그 내용인즉 이상한 서찰이
있어 국사범에 반연이 있는 듯하다 하나 지휘가 분명치 못하다 하였더
라. 하상천이 눈이 둥그래지며,
　"이는 참 이상한 일이로다. 그러나 요사이 전성조가 이태순·문전철
　의 종적을 탐지하는 모양이더니, 무슨 사건의 증거가 있는 듯하니 자
　네도 자세히 모르나?"
　"아니, 나도 지금 신문만 보고 왔으나 송군서는 자세한 일을 알겠지.
　송군서가 어젯밤에 늦게 오더니 일어났는지?"
　건넌방을 향하여 송군서를 부르며,
　"여보게, 자네 이태순·문전철의 일을 들었는가?"

"글쎄, 나도 어제저녁에 그 두 사람 구류된 말을 듣고 놀라워서 친한 신문사에 가서 알아보니 그 풍설로는 알지 못하고 다른 곳에서 적실한 듯한 말을 들으니, 태순이 전철의 부탁을 듣고 폭발약을 샀다든지 맞추었다든지 증거할 필적이 있다 하니, 그것이 진실한 말 같으면 걱정일세."

문전철은 권력이 있는 사람이라 하니 그런 일도 고이치 아니하나 이태순은 학자이라 평생에 근신하여 황잡(거칠고 잡되다)한 일이 없기로 유명한 사람이니 어찌 그러한 생각이 있을 줄 알았으리요. 대저 사람이라 하는 것은 외양으로는 알지 못하겠다 하고 여기저기서 두 사람의 소문을 탐지하되 적실한 일은 아는 자가 없더라.

이 때에 이태순은 오월 열흘날 아침에 볼일이 있어서 출입하려 할 즈음에 난데없는 순검이 형사를 데리고 와 국사범의 반연으로 잡힌 문적을 보이고 인하여 북서 경무청으로 가더니, 그 후에 순검이 다시 와서 그 여관 주인을 불러 세우고, 그 여관하였던 방에 들어가서 책을 수탐하여 가니라. 이태순은 작죄한 일이 없으니 무슨 연고인지 알지 못하여 의혹 중 취수하여 있다가 문초하는 마당에 불려 나아가니, 책상을 앞에 놓고 경무관 세 사람이 엄연히 교의에 걸터앉았고 상 위에 필연과 허다한 문부가 쌓여 있더라. 가운데 앉은 그 중 강포하여 보이는 경무관이 태순을 보고 그 문벌·직업과 평생 교제하던 친구의 성명을 자세히 물으며,

"금월 이일에 문전철에게 편지한 일을 생각하는가?"

태순이 이윽고 답 왈,

"이일이던지 삼일이던지는 기억치 못하나 월초에 문전철에게 편지한 일은 있나이다."

"그러할진대 무슨 일로, 편지는 무엇이라 하였던지 생각하는가?"

"편지에 별 말한 바는 없고 문전철의 부탁하던 서책을 사 두고 통기하였노라."

경관이 빙긋이 웃으며 왈,

"그뿐 아니라 전철더러 무슨 일 결심하라 권하지 아니하였느뇨?"

태순이 고개를 기울이고 한참 생각하다가,

"지금 물으심을 인하여 생각하니, 전철이 일본에 유학코자 하나 회중에서 만류하는 자가 있다 하기로, 남의 말로 중지하지 말고 속히 결심하여 유학하라 하였나이다."

경관 왈,

"그러하면 사 두었다 하는 것은 무슨 물건인고?"

"매우 조그마한 영어 옥편이로소이다."

그 경관이 동관들을 돌아보고 소곤소곤하더니, 책상 위에 있는 편지한 장을 내어 보이며 왈,

"그래 이 편지를 아는가?"

태순이 받아 보니 구기고 찢어져 헌 휴지가 되었으되 분명히 자기의 필적이라. 그 글에 하였으되,

'삼가 묻노니 인간의 형체가 만왕하시며 유의할 일은 친구의 이론을 듣지 말고 속히 결심하기 바라노라. 형의 구하는 다이아몬드를 사서 놓았기 기별하노라. 여불비상.'

제6회

태순이 보기를 마치더니, 이 편지는 분명히 자기가 문전철에게 부친 편지라 하고 경관에게 도로 주니 경관이 정색하여 왈,

"그러할진대 책을 샀다 함은 뒷감당도 못할 거짓말이로다. 친구의 이

론을 듣지 말고 결심하기를 바라노라 하였고, 먹으로 흐린 곳을 비치어 보매 다이너마이트라 한 글자가 분명히 보이거늘, 그 옆에 다이아몬드라 고쳤으나 그대가 여관에 있는 일개 서생으로 이 같은 위험한 물건을 사 무엇하려 하였느뇨?"

하며 가장 엄숙히 질문하거늘, 태순이 조금도 굽히지 아니하고 껄껄 웃으며 왈,

"전후 사단은 모르고 이 편지만 보면 의혹되기 고이치 아니하나 결심하라 함은 아까 말함과 같이 일본 유학함을 말함이요, 다이너마이트라 함은 잠시 그릇 썼기로 고쳐서 쓴 일이오."

다이아몬드는 영어 옥편 이름이라 하여 그 때 하던 형편 말을 자세히 하여 가로되,

"사정이 의심될진대 문전철과 여관 주인까지 불러 대질하면 명백하리이다."

하며 변설이 도도하여 흐르는 물 같은지라, 경관들이 서로 보며 이윽히 말이 없더니 또 일봉 서찰을 내어 보이며 왈,

"이 편지는 어디서 왔더뇨?"

태순이 받아 보고 또한 그 날 무명씨의 돈 보낸 편지라 하니 경관들이 냉소하며,

"성명도 모르는 사람이 돈을 보내면 받기 어려울 것이요, 또 그 편지 사연을 볼진대 전부터 교제가 있어 그대의 마음을 익히 아는 모양이라. 편지에는 무명씨라 하였으나 그대는 짐작하리로다."

태순이 대답하되,

"이 편지의 문장은 연숙하나 필법이 잔약한 곳이 있어 부인의 글씨 같기로 나도 지금껏 이상히 여기나이다."

가운데 앉은 경관이 일러 왈,

"오늘 문초는 이만 그칠 터이나 그대에게 이를 말이 있노니, 이 편지 출처를 그대도 정확히 변명치 못하고 문전철에게 가는 편지도 또한 비상하니, 비록 먹으로 흐렸을지라도 국가의 법전으로 그 직업하는 자가 아닌데 폭발약이 손에 들어왔다 하면 경관이 엄중히 조사를 아니치 못할지라, 아직 감옥서에 가두어 두리니 그리 알지어다."

태순이 깜짝 놀라 무엇이라 말하려 한즉 경관이 다시 가로되,

"이는 본관의 권한으로는 아니 할 말이나, 그대는 매우 세상에 명망 있는 자로 정부에 대하여 만족치 못한 사상으로 무슨 운동을 하다가 실패하였으니, 차라리 은휘치 말고 명백히 토설함이 대장부의 일이거늘 어찌 소인과 필부같이 거짓말을 하다가 이후 사실이 탄로나면 자기 양심을 저버릴 뿐 아니라, 세상에 대하여 일후까지라도 부끄럼을 면치 못하리니, 증거물을 잡고 보증인을 대하여 조사하는 마당에 아무리 발명한들 어찌하리요. 익히 다시 생각하여 보라."

하며 은근히 달래고 효유하니 이는 국사범에 경력 있는 경관이라, 태순이 작죄함은 없으나 혐의쩍은 형적이 있어 일시에 발명키 어려울지라, 하릴없이 옥사장을 따라서 감옥서로 들어가니라.

경성에 미결수 죄인 가두는 감옥서가 서소문 안에 있으니 사방으로 겹담을 둘러쌓되 높기가 하늘에 닿을 듯하고 그 속이 사방 입 구자로 되었는데, 한가운데 둥근 방은 간수인의 처소요, 죄인 있는 방은 좌우로 다하여 사십 간이 있으되 나무로 판장을 하고 전면에는 우물 정자 문을 하여 닫고 큰 자물쇠로 채웠고, 후면에는 높기가 다섯 자는 되는 곳에 유리창을 노끈으로 매어 개폐를 하고 그 안에 쇠난간을 쳤으며, 방마다 한편에 뒷간을 만들었으되 밤에도 등불을 켜지 아니하여 지척을 분별치 못하며, 융동설한에도 불을 때지 아니하고 담요 하나로 춥고 긴 밤을 지내며, 북풍받이에 유리창으로 눈이 날려 들어오매 수족이 얼어 터지

고, 삼복염천에는 조금도 바람이 통치 못하며 남향한 방에 철창으로 일광이 내려쪼이되 피할 곳이 없어 가마에 찌는 듯하고, 간수인은 양복 입고 칼을 차고 엄연히 교의에 걸터앉은 형상은 염라대왕으로 보이고, 옥사장은 검정 털요를 뒤집어썼으매 죄인들 눈에는 귀신인가 싶고, 병인의 신음하는 소리는 죽은 사람이 부르짖는가 의심하니, 이는 진실로 살아 지옥에 빠졌다 할러라. 서양에서도 전에는 이러하더니, 벤담(Bentham)이라 하는 사람이 나서 옥을 짓는 법과 죄인 두는 법을 개량하매 각국이 다 본받아 일신히 개량하고 인하여 그 후로 죄인도 감성되었다 하니, 우리 나라도 급히 옥을 개량함이 좋으리로다.

이 때는 오뉴월이라 수일 장마가 그치지 아니하고 음음한 안개는 창으로 들어오매 죄수의 의복이 누습하고 처량한 처마물 소리는 사람의 창자가 끊어질 듯한데 슬픔을 머금고 잠잠히 앉았는 소년은 이태순이라. 호올로 이윽히 생각하되, 내가 평생에 정치가가 될 뜻으로 사방에 분주하다가 사업을 이루지 못할 뿐 아니라 일조에 조심하지 못함을 말미암아 옥중에 들어왔도다.

그 날 함께 잡혀 온 문전철과 구두쇠는 어찌 대답하였는지 적연히 모르나, 만일 변명이 되지 못하면 경하더라도 삼사 년 금고는 당할지니, 이렇듯 연약한 몸이 옥중의 귀신을 면치 못할지라. 수년 전에 기회 있을 때 장씨 집 데릴사위로 갔더면 이러한 횡액은 당하지 아니하였으리로다. 양친이 몸의 화난 만남을 들으시면 오죽 걱정하시리요. 옛말에 빠른 바람에 굳센 풀을 안다 하였으나, 또 높은 가지가 부러지기 쉽다는 말도 있으니, 슬프다. 아무리 천질이 강명한 사람이로되 옥중의 고초를 이기지 못하면 굳센 마음이 자연 사라지고 눈물이 흐르는도다.

제7회

높은 산이 아아하여 창취를 머금고 산하에 간수가 쟁쟁하여 폭포를 이루었고, 산상의 유명한 백운대는 하늘에 꽂힌 듯하고, 그 아래 북한사라 하는 절이 있어 누각이 나는 듯하며, 아래로 만호장안을 임하여 경개도 절승하고 수식도 기이하므로 가인 재자가 낙역부절하여 구경함을 마지아니하더라. 이 때는 칠월 망간이라. 한편에 있는 승방을 치우고 조용히 앉아 글 읽는 사람은 어떠한 사람인지 얼굴은 주렴에 가리워 보이지 아니하고 청아한 글 소리만 폭포성을 화답하여 은은한 풍편에 들리는데, 한편 누상에서 아무 생각 없이 귀를 기울이고 앉았는 사람은 한 서생이라. 군산 가을 밤에 육방응이 병서를 읽는가, 여산 깊은 곳에 이태백이 쇠공이를 가는가, 양양한 저 글소리가 옥패를 부수는 듯하여 비량한 나의 회포를 적이 도웁는도다. 이 모양으로 혼잣말로 하면서 누하에 내려 그 절에서 밥 짓고 있는 노파를 불러 조용히 묻되,

"저 초막에서 글 읽는 사람이 누구라 하던가?"

노파 가로되,

"일전부터 어떠한 부인이 소저를 데리고 와 계신데, 그 소저의 나이 십팔구 세나 되어 보이고 얼굴도 어여쁘고 인품도 온화하거니와 글을 좋아하여 잠시도 쉬지 아니하고 읽나이다."

서생이 점두하며 가로되,

"함께 와 있는 부인은 그 소저의 어찌 되는 부인이라 하던가?"

노파가 대답하되,

"그 부인은 그 어머니인지 숙모인지는 모르나 오십여 세 가량이나 된 부인이더이다."

서생이 탄식하되,

"우리 나라 교육 정도가 아직 발달이 못 되어 부인은 고사하고 남자도 열심으로 공부하는 자가 드물거늘 어떤 규수로 저렇듯 사상이 고명한고."

노파가 듣다가 웃으며,

"그 소저는 서방님을 아는 것 같더이다. 저녁에 서방님 오실 때에 소저가 사립문에서 내어다보다가 반기는 빛이 얼굴에 나타나고, 또 어떠한 사진 한 장을 손에 들고 보는데 흡사한 서방님 모양이더이다."

이 때 노파와 수작하는 사람은 이태순이라. 오월 초에 편지의 글자 그릇 씀을 말미암아 경무청에 잡힌 바 되어 경관이 사실한즉, 죄는 없는 듯하나 사체가 중대하고 익명서의 출처도 분명치 못하여, 문전철을 준 편지도 의심처가 있으므로 조사를 경홀히 하지 못할지라. 이러므로 수삭을 옥중에 가두어 두었더니 태순의 구초와 한가지로 잡힌 사람들의 말이 일일이 다름이 없어 별반 의심이 되지 아니하는 고로 칠월 초에 문전철과 한가지로 방면되었더라. 태순이 염천을 당하여 옥중에서 곤경을 지낸 후 신체도 피곤하고 심신도 울적하여 소풍할 생각도 있고 삼년 전에 북한산 절에 놀던 일이 있어 그 절의 중도 친숙히 아는 고로 이 때에 와서 산수의 경치도 구경하고 정결한 처소를 빌려 몸을 조섭도 하러 왔더니, 마침 건너 초막의 글소리를 듣고 마음에 감동하여 누다락에 내려서 노파더러 그 동정을 물은 것이라. 노파의 말을 들으니 첩첩한 구름이 구의산에 가리운 듯 의심을 깨치기 어려워 글 한 수를 지어 달 아래에 읊으니, 그 글에 하였으되,

"서상에 밝은 달이여, 누구를 위하여 비치었소. 청조의 사자가 없음이여, 나의 회포를 어찌 전할꼬."

읊기를 마치매 소저 글소리를 멈추고 듣다가 청아한 목소리로 그 글을 화답하니 갈왔으되,

"일신의 처량함이여, 하늘 높고 땅이 두터움을 모르도다. 사람은 같고 성이 다름이여, 백 년을 의탁할 곳이 아득하도다."

태순이 더욱 심화를 정치 못하여 스스로 그 글 뜻을 풀어 가로되, 하늘과 땅은 모른다 하였으니 일정 부모가 없는 여자이요, 백 년 의탁이 아득하다 하였으니 아직 정혼치 아니한 듯하나 다만 셋째 구에 이른바 사람은 같고 성이 다르다 함은 누구를 가리킴인지 알 길이 없도다. 아무러나 내일은 자세히 그 규수의 내력을 탐지하리라 하고 침실에 들어 밤이 맞도록 전전불매하더라.

제8회

이태순이 북한산 북한사에서 우연히 초막에 있는 한 여자와 글을 회답한 후로 세상에 범상한 부인은 눈꼬리로도 보지 아니하던 성미로되, 열석 같은 심장이 자연히 황홀한지라 혼자 헤오되,

'세상을 건질 큰 뜻을 품은 남자가 아녀자에게 고혹할 바는 아니로되 이같이 재덕을 겸비한 여자는 가히 나의 지기지우라 할 만하나, 이 몸은 전후에 불행한 일이 많아서 사방에 표박하고 공명을 이루지 못하며, 지금은 여관에 있어 책권이나 번역하여 일신의 호구하기를 일삼으니, 아무리 생각하여도 아직 한 집 배포를 생의하지 못할지요, 타일에 공업을 성취하더라도 저러한 여자는 벌써 푸른 잎이 그늘을 이루매 열매가 가지에 가득한 모양같이 되리니 진실로 창연한 일이로다. 그러하나 그 여자가 어느 곳에서 생장하였던가, 마음에 생각나는 일도 있으나 누구를 인연하여 물으리요. 응당 이 곳에서 아직 두류할 듯하니 다시 서서히 물어보아도 늦지 아니하리로다.'

하여 홀로 이윽토록 등잔불을 대하여 이리저리 생각하다가 열두 점이

지나매 비로소 침소에 나아갔다가 이튿날 눈을 떠 보니 아침 햇빛이 창에 비치고 산중이 적적하여 다만 폭포 소리만 베개 위에 이르는지라, 태순이 금침을 의지하여 무료히 앉았더니 노파가 문을 반쯤 열고 방 안을 엿보며 가로되,

"서방님, 매우 곤히 주무시나이다."

태순이 묻되,

"지금 몇 시 가량이나 되었는고?"

"지금 여덟 점을 쳤삽나이다."

태순이 눈을 비비며,

"그러하면 아침잠을 대단히 늦도록 잤도다."

노파 웃으며,

"주무시느라고 건너 초막에서 글 읽던 소저 떠나가는 것도 모르셨습니다."

하는 말에 태순이 깜짝 놀라 급히 묻되,

"무엇이라 하던가. 그 여자가 문 안으로 들어간다 하던가, 다른 절로 간다 하던가?"

노파 대답하되,

"문산포가 어디인지 그 곳으로 간다 하더이다. 무슨 일은 모르나 서방님께 할 말씀 있는 모양으로 오래 기다리고 있삽기로 제가 자주 와서 뵈오나, 너무 곤히 주무시는 듯하기로 감히 깨우지 못하였삽나이다."

태순이 창연히 앉았다가 또 묻되,

"그러나 그 소저 떠날 때 혹 무슨 말을 함이 있던가?"

노파 허리춤에서 편지 한 장을 내어놓으며,

"이것을 서방님께 드리라 하더이다."

태순이 받아 급히 피봉을 떼어 본즉 편지가 아니요 글 한 편이 있으니, 하였으되,

　　적설이 공산에 가득하니 초목이 모두 영락하도다. 외로이 섰는 저 소나무는 굳센 절개를 변치 아니하는도다. 조물이 부질없이 시기함이여, 인생이 달같이 둥글기 어렵도다. 뒷기약이 아득함이요, 신 있는 군자에게 맡김이로다.

태순이 두세 번이나 그 글을 보며 생각하되,
'적설 공산에 초목 영락함으로 세상을 탁의하고, 외로운 솔의 변치 아니하는 절개로 자기를 비하고, 조물의 시기와 달의 둥글지 못함으로 의외에 떠나감과 아름다운 언약을 맺지 못함을 한탄함이요, 끝의 구는 정녕히 나에게 부탁한 말이로다.'
하고 주승을 불러 묻되,
"저 앞 초막에서 유숙하던 부인이 어느 곳에 산다 하며 성씨는 누구라 하던고?"
주승이 식가 기록한 책자를 상좌더러 가져오라 하여 차례로 내려보더니 책 한 장을 접어 주며,
"그 부인의 거주가 여기 있나이다."
태순이 받아 자세히 보니,
'경성 남촌 후곡 이통 일호 권 첨사 부인, 연이 오십일 세요, 소저 매선, 연이 십팔 세.'
라 하였는지라, 태순이 심중에 헤오되,
'정녕히 경성에 있는 여자일시 분명하나, 그러나 그 글 읽는 소리를 들어 본 즉 전라도 음성 같던데.'

하며 또 주승더러 묻되,

"그 부인이 어디로 향하여 간다 하던고?"

주승이 웃으며 가로되,

"남의 댁 부인의 거처는 무슨 연고로 물으시나이까. 그 부인의 일가 댁이 문산포 땅에 있어 그 곳으로 가신다 하더이다."

태순이 천연한 기색으로 말하되,

"우연히 물은 것이어니와 문산포가 이 곳서 몇 리나 되는고?"

주승이 대답하되,

"칠십 리라 하더이다."

태순이 그 절에서 육칠일이나 두류하매 잠적한 회포도 너무 지루하고 의중지인의 자취도 실로 궁금하여 문산포로 가려 하더니, 그 날부터 비가 오고 생량 기운이 나매 감기로 신기 불편하여 떠나지 못하고 중지하니, 귀에 익지 못한 폭포 소리는 실로 태순의 심사를 산란케 하며 잠을 이루면 몸이 나는 듯이 문산포로 향하더라.

사오 일을 지나 병이 조금 나으매 주승에게 부탁하여 짐꾼 한 명을 얻어 행구를 지워 길을 인도하라 하고, 자기는 죽장망혜로 새벽 하늘 처량한 기운을 타서 북한산성을 떠나 북으로 물을 따라 수삼십 리를 가니, 점점 산이 높고 골이 깊어 굽이굽이 시냇물은 잔원하고, 중중한 수목은 참치하여 풍경이 청수하니 가장 별유천지에 이른 듯하더라. 또 수십 리를 가매 한 촌락이 있어 인가가 즐비한데 남으로 삼각산이 첩첩하여 구름 밖에 솟아 있고, 북으로 멀리 임진강이 거울같이 둘러 고기잡는 돛대는 역력히 눈앞에 왕래하고 길가에 한 주점이 있는데, 그 앞에 시냇물이 바위 사이로부터 쟁쟁히 흘러 심히 정결하매 내왕하는 행객이 모두 그 주점에서 쉬더라.

태순이 좌우로 산천경개를 구경하며 주점 앞에 다다르니, 험한 길에 삐쳐 자연히 몸도 곤뇌하고 목도 마른지라, 관을 벗어 솔가지에 걸고 표주박으로 석천에 흐르는 물을 떠서 마시며 바위 위에 걸터앉아 수건을 내어 땀을 씻고 다리를 쉴 새, 주막 주인더러 문산포 이수를 물으니 겨우 이십 리가 남은지라, 마음에 바빠서 짐꾼을 재촉하여 저물기 전 바삐 가자 하며 낭 중에 값을 내어 주인을 주고 길에 오르려 할 즈음에, 문득 산모롱이로 좇아 교군 하나가 그 주점을 향하여 오더니 교군을 놓고 쉬는데, 어떠한 젊은 여자가 교군에서 좇아 나오더니 나무 그늘 으슥한 곳에 가 서늘한 바람을 향하여 섰다가 태순을 정신없이 건너다보고 무슨 생각을 침착히 하는 모양이라. 태순이 가려던 길을 머무르고 그 여자의 거동을 여겨보더라. 이 여자는 별 사람이 아니라 권 첨사의 질녀 매선이니, 그 모친 별세한 후로 권 첨사 내외와 동거하더니, 권 첨사가 불량한 뜻으로 매선의 집을 전당코자 하여 전집하는 사람이 집을 보러 올 때에 매선으로 하여금 알지 못하게 할 계교로, 방학한 동안에 조용한 절에 가 배운 바 서책을 복습하라고 좋은 말로 속여 그 처 임씨더러 데리고 북한산에 가 여름을 지내고 오라 하였더니 임씨가 매선이 태순과 글을 화답하는 양을 보고 행여나 저희가 부부되면 재산을 다시 간섭치 못하려니 하여 그 이튿날로 문산포로 데리고 갔더니 마침 권 첨사의 급히 올라오라는 전보를 보고 가는 길이라.

매선이 부친의 유언을 굳게 지키고 심랑의 사진을 항상 품에 품고 그 사람을 만나 평생을 의탁코자 하여 여학교에 들어가 공부도 할 겸 그 복색은 우리 나라 본래 입던 여복과 같지 아니하여 내외하는 좁은 규모가 없는지라, 이에 사람 많이 모인 연설장마다 좇아다니며 살펴보더니, 다행히 독립관 정치 연설하는 날 마음에 사모하던 얼굴을 보았으나, 다만 그 성이 같지 아니함을 한탄하던 차에 북한사에서 다시 보았으나 여자의 수괴한 마음으로 차마 먼저 말을 묻지 못하고 한갓 글을 지어 그 뜻을 시험할 뿐이요, 종시 반신반의하여 진정치 못하더니, 이 곳에서 제삼차 상봉하여 다시 보고 또 볼수록 심랑의 사진과 십분 무의한지라, 규중 여자로 타인 남자를 대하여 말을 물음은 온당한 일이라 못할지나, 부모도 아니 계시고 동기도 없이 사고무친 외로운 내 몸으로 사소한 예절에 구애하여 평생을 그르침보다 차라리 부끄러움을 무릅쓰고 구곡간장에 맺혀 있는 의점을 깨쳐 보리라 하고 연보를 옮기어 태순 앞으로 오더니 수삽한 목소리로,

"군자의 존성이 심씨가 아니시며, 장씨 가에 언약한 일이 있지 아니하시니까?"

태순이 공손히 대답하되,

"소생이 성명은 이태순이어니와, 특별히 약조라 할 것은 없으나 삼사 년 전에 장씨 가와 혼사로 설왕설래한 일이 있나이다."

매선이 말을 들으니 더욱 의혹이 자심하여 또 그 말을 묻고자 할 즈음에, 교군 하나가 또 오더니 나이 근 오십 되는 여인이 두 눈썹에 살기가 등등하여 포악한 목소리로 교군을 재촉하여 매선을 데리고 풍우같이 가는지라, 태순이 넋이 없어서 교군 가는 곳만 바라보고 섰더니, 어떠한 사람이 별안간에 태순의 어깨를 치며,

"이 사람, 무엇을 그리 정신없이 보고 섰나?"

하는 소리에 깜짝 놀라 돌아보며 하는 말이,

"누구인가 하였더니 자네더란 말인가!"

제9회

층암과 절벽이 상대하여 병풍을 세운 듯한데 높기는 몇백 길인지 알지 못하며, 시내에 둘린 수목은 울울창창한데 그 아래 물소리는 길이

굴곡하여 바위 모롱이를 둘렀고, 두 언덕 좁은 곳에 한 외나무 다리를 놓아 앞산으로 통하였으며, 그 옆 석각 사이에 냉천이 솟아나매 청상한 기운이 사람의 골수에 침노하니 이 곳은 곧 일산이라. 절벽 위에 올연한 수간 정자가 산을 등지고 물을 임하였는데, 한편 벽에 산수도를 걸었고 병에 백합화를 꽂아 놓고 화로에 철병을 올려놓았으며, 그 옆에 찻종을 놓고 두 낱 서생이 의관을 벗어 난간에 걸어 놓고 서로 대하여 앉았으니, 이는 곧 이태순이 문전철을 만나 동행하여 오다가 피서함이러라.

태순이 가로되,

"바람도 시원하고 경치도 절승하다. 그러니 아까 주점에서 그대 만나기는 참 의외가 아닌가. 무슨 일을 말미암아 그 곳에를 왔던가?"

문전철이 대답하되,

"그대도 아는 바이어니와 옥중에서 놓여 나온 후 이천 향제로 내려갔더니, 모친의 병환 계시단 말은 실상이 아니고 전혀 나를 불러내려서 슬하에 두시려 하는 뜻이시기로, 사세가 그렇지 아니함을 고하고 다시 서울로 올라가는 길이어니와 처음 생각에는 오래간만에 시골을 가니 일이 삭 두류하여 올까 하였더니, 향중 서생들이 모두 전일 풍기만 지키고 인순고식하는 사람뿐이라, 하나도 가히 데리고 말할 만한 자가 없어 나의 취수되었던 일을 듣고 국사범이나 되는 줄로 짐작하고 상종을 꺼리는 것 같고, 나도 역시 재미없어 이렇게 속히 오네. 여보게 태순이, 근일에 지방의 녹록한 무리는 모두 쓸 곳이 없데."

하면서 정자 주인을 불러 술 가져옴을 재촉하는지라. 태순이 만류하되,

"그만두게. 우리가 낮에는 술 먹지 말자 약조하지 아니하였나? 그대는 모름지기 옥중에서 한 잔도 아니 먹고 지내던 일을 생각하여 좀 참아 보게."

이에 전철이 고담준론하며,

"대장부가 술을 먹지 아니한단 말인가? 술 있는 강산에 걸사가 많다는 옛말도 모르나?"

태순이 가로되,

"그대는 술을 편벽되이 즐기는 것이 큰 흠절이니, 사회에 나와서 사업을 하려 하는 사람이 술로 본성을 잃어버림은 불가한 것이니 조심하기를 바라노라."

전철이 앙천대소하며,

"그대의 범절과 지식은 나의 우러러보는 바이로되, 술에 대하여는 너무 좁은 규모를 웃노라. 이번에도 그대를 반가이 만나기는 전혀 술의 공일세. 만일 내가 주점마다 술을 먹느라고 지체치 아니하였더면 수일 전에 벌써 경성에 득달하였을 터이니, 어디 가서 그대를 만났을까."

이와 같이 이야기할 즈음에 주안을 갖추어 나오거늘, 전철이 일배일배로 취하도록 마시더니 그 때 마침 오래 이별하였던 친구 두 사람이 들어오니 하나는 강순현이요, 하나는 남덕중이라. 한훤을 마친 후 오래 만나지 못한 회포를 말씀할 새, 술을 새로 가져오라 하고, 네 사람이 한가지로 앉아 술을 나누며 각 지방 형편을 담론할 새, 태순이 술잔을 내려놓고 남덕중을 보고,

"남형은 전과 같이 군회에 진력하시며 그 지방의 회 형편은 근일에 어찌된 모양이니까?"

남덕중이 탄식하며 대답하되,

"선생도 아시는 바이어니와, 연전에 우리가 서로 동지지인을 천거하여 지회를 조직하매 백사가 진취더니, 이삼 년 후로부터 지방 관리가 민권을 비리로 속박하여 회원이 영성하여질 뿐 아니라, 무슨 의안이

있든지 모두 빙빙과거 할 뿐이니 의회가 있어도 없는 모양이라, 진실로 절통할 바이로다."

태순이 가로되,

"정치당이 어지간히 번성하던 귀군이 그 지경에 이름은 천만 의외나, 그러나 무론 무슨 일이든지 한 번 굴하면 한 번 신하는 것은 정한 이치라, 오늘날 회의 조잔함을 근심치 말지어다. 이는 타일에 왕성할 장본이라. 인민이 정치 사상이 없어 의회를 향하여 공동함이 없고 부정체에 경험이 없어 정치상에 깊이 감각이 없음은 면치 못할 사세라. 점차 정치 사상이 진보되어 의회를 공동하는 예론이 강대하면 어떠한 법률을 시행하든지 실제상 이익을 보기 어렵지 안 하다 하노니, 이는 제일 여자 사회를 개량하여 사치하는 풍속과 비루한 행실이 없도록 하여야 속한 효험을 볼지니, 완고한 습관이 뇌수에 인박힌 이십 이상 인물은 말할 것 없고 천진으로 있는 소아들을 새 정신, 새 사상이 들도록 하자면 여자 사회가 진보되어 집집이 가정 학문이 있은 연후라야 가히 되리라 하나이다."

남덕중이 태순더러 왈,

"아이와 부인 말씀을 하시니 생각이 나는 일이 있나이다. 내가 향일 문산포에 갔다가 주점에서 지나가는 부인을 만나매 연기가 십팔구 세 가량이나 되었는데, 국한문과 양서를 능히 보기로 주인더러 물은즉 경성 사람이라 하더이다. 근래 젊은 부인에게 과연 학문 있는 자가 더러 있으니 업수이 여기지 못하리로다."

태순이 잠시도 잊지 못하는 중 이 사람의 말을 들으매 자연 심히 산란하여 진정키 어려워 묵묵히 앉았는데, 문전철이 웃어 가로되,

"근래 여자들이 조그만치 학문이 있으면 너무 주제넘어 남녀 동등 권리나 말끝마다 내세워 가정을 문란케 하니 그야말로 식자우환이라 하

노라."

태순이 분연히 대답하되,

"부인의 교육이 발달됨은 사회에 대하여 큰 행복이라 하겠거늘, 문형은 어찌하여 시세 적당치 아니한 말을 하느뇨?"

제10회

제비는 남으로 가고 기러기는 북으로 감은 인생의 면치 못할 일이라. 문전철은 강순현과 지회를 조직할 일로 파주 지방으로 향하여 가고, 이태순과 남덕중은 경성으로 올라오며 양인의 지회 설립 방법도 이야기하고 근일 경성 형편도 문답할 새 태순이 가로되,

"문 군이 유여한 학문으로 매사에 열심함은 매우 감사하나, 원래 술이 과하므로 세상일에 대하여 매양 불평한 말을, 고귀함이 없음을 근심하여 이번에도 매우 권고하여 보내었으니 연설하는 마당에 격분함을 못 이기어 실수나 아니하면 좋을까 하노라."

남덕중이 가로되,

"그는 걱정할 바 아니라 하노니, 유지하다는 사람이라 자칭하는 자가 모두 의식만 일삼는 세상에 문전철같이 마음과 말이 한결같은 사람은 별로 없다 하노라."

태순이 가로되,

"그대 말씀이 가장 옳으니, 대개 사람의 상은 지위를 인하여 변하나니, 오늘날 수염을 다스리고 사인 마차에 올라앉아 노성한 사람을 능모하고 협회당을 과격하다 추직하다 하는 사람들도 개혁하기 전 국사에 분주할 때에는 거개 황당한 거동이 많았으니, 문전철도 뜻을 얻어 상등 사회에 있는 날에는 기상도 자연히 온화하게 되리니, 어느 때까

지든지 오늘날 모양으로 있지는 아니할지나, 본래 평등의 자유라 하든가 빈부의 평준이라 함을 좋아하는 남자인 고로 잘못하면 격렬당이 되지 아니할까 모르겠도다. 서양 제국에서도 하등 인민들이 사회당을 조직하여 사회의 질서를 문란케 함은 다 세상에 뜻을 얻지 못한 학자들이 선동함을 인함이라 하나이다."

이같이 이야기를 하며 가는데, 어떠한 조그마한 아이가 신문 한 장을 들고 지나거늘, 남덕중이 그 아이에게 신문을 빌려 태순과 나무 그늘 밑에 잔디를 깔고 앉아서 잡보부터 차례로 볼 새, 연희장 개량이라는 제목에 이르러 그 취지를 자세히 본즉, 어떠한 유명가의 주장으로 말미암아 연희장의 누습을 일체 개량하기 위하여 동지를 구할 새 유지 신사와 신문기자 제씨가 모두 찬성하는 뜻을 표하였다 하였거늘, 덕중이 보기를 마치고 가로되,

"이는 연희 개량을 발기하는 자가 있는 모양이니 이도 구습의 고루함을 고치지 아니치 못할지나, 그러나 오늘날 정치와 사회상에 개량할 일이 허다하거늘, 유지자들이 어느 여가에 그만 일로 떠드는고."

태순이 가로되,

"연희의 필요함을 형이 모르는도다. 동서양을 물론하고 풍속 개량하는 효험이 학교가 제일이라 하겠으나, 그 효험의 속함으로 말하면 연설이 학교보다 앞서고 소설이 연설보다 앞서는데, 소설보다도 앞서는 것은 연희라 하나니, 서양 각국에서는 연희장을 극히 장하게 건축하고 화려하게 설비하였으며, 그 주모하는 사람은 상당한 학문이 있어 물정을 추칙하고 고금을 통달하는고로 연희하는 일이 모두 시세에 적당하여 부인·아동의 구경거리가 아니요, 상등 사회의 심신을 기껍게 하는 처소가 되나니, 그런고로 각국에는 제왕과 후비라도 으레 구경하여 우리 나라 연희장과 같지 아니하니, 우리 나라 연희장은 건축은

약간 서양 제도를 모방하였으나 다만 외양뿐이요, 그 유희하는 규모는 모두 이십 년 전 구풍으로 압제정치만 알던 시대의 사상을 숭상하여 이도령이니 춘향이니 하는 잡설과 어사니 부사니 하는 기구를 주장하며, 꼭두니 무동이니 의미 없는 유희로 다만 부랑자의 도회장이 되어 문명 풍화에는 조금도 유익할 바가 없으니, 이는 연희를 설시하는 자가 학문이 없어 동양의 부패한 풍습만 알 뿐이요, 구경하는 사람도 또한 유의유식하여 무항산한 사람과 경박허랑하여 무지각한 무리뿐이니 진실로 개탄할 바로다. 하루라도 바삐 그 방법을 개량하여 역사의 선악과 시세의 가부를 재미있게 형용한 후에야 남녀 구경하는 사람의 안목에 만족할 것이요, 외국 사람에게도 조소를 면하리로다.”

남덕중이 무릎을 치며 가로되,

“선생의 말씀을 들으니 비로소 연희를 개량함이 필요함을 가히 알지라, 나도 어디까지든지 찬성하고자 하노라.”

태순이 수건으로 땀을 씻으며,

“날도 대단히 더워진다. 목욕이나 좀 하여 볼까.”

하며 그 앞의 시내 둑으로 나아가 그늘 밑에 의복을 벗어 놓고 물로 들어가려 할 새 마침 어느 두 소년이 겨우 목욕을 마치고 바위 위에 걸터앉아 서로 수작함을 들은즉 한 사람이,

“옳지, 그래서 그 여인이 어떠하던가. 매우 어여쁘기도 하려니와 학문도 있데마는 행실은 말 못 되어 이번까지 몇 번째 신문에 오르내리는지 모르겠네. 일전에 북한사에 가 있는 동안에도 정부를 얻은 일이 낭자히 소문이 나서 무인부지라고 신문 잡보에 있데. 대체 그 신문은 무슨 일이든지 자세한 사실을 일등 수탐하나 보데.”

“그래, 그 여자가 어느 곳에 산다 하였던가?”

“남촌 근처라고만 하였고 그 골목 이름은 쓰이지 아니하였으나, 필경

우리가 문산포에 갔을 때 보던 여인인 듯하데.”

“옳지, 자네 말이 어지간하이. 그 여인이 인물도 똑똑하고 잔부끄럼이 도무지 없는 것을 보니까 수상은 하던걸. 나는 바삐 먼저 가네.”

“나도 바삐 가야 하겠네.”

하면서 동서로 각각 헤어져 가더라. 태순이 목욕을 하면서 그 두 사람의 이야기하는 것을 듣고 심중에 헤오되,

‘남촌 근처 여자로서 북한사에 갔던 사람이라 하니 나 만난 여자가 아닌지 모르겠으나, 그러하나 그같이 학문도 고명하고 처신도 단정한 여자로서 함부로 그러한 행실은 아니할 듯하되, 사람이라 하는 것은 외양만 보고 알지 못할 바라, 어찌된 사실인지 모르리로다. 그러하나 근일 신문은 형적도 없는 말도 하도 잘 나니 어찌 믿으리요. 만일 나와 글 화답하던 일을 누가 알고 오전하여 애매한 말을 내었으면 진실로 그 여자에게 원통한 일이라 발명이라도 아니치 못하겠으니, 하루 바삐 경성으로 가서 자세한 사상을 탐지하리라.’

아무리 생각하여도 마음에 관계가 되매 목욕을 못 다 마치고 그대로 옷을 입고 남덕중과 길을 떠나더라.

제11회

누대가 참치하고 수음이 울밀한 중으로 후원을 돌아들어 육 간 초당이 있으되 분벽사창이 극히 정결하고 뜰 가운데 작은 연못이 있어 금붕어는 물결을 불고 못가에 괴석과 화초분을 느런히 놓았으니 한적한 운치가 반점 티끌이 없는데, 방 안에 나이 십팔구 세 된 여자가 꽃 같은 얼굴과 눈 같은 살에 담장소복을 하고 책상을 의지하여 소설을 보다가 입 안의 말로,

"여자의 마음은 어느 나라이든지 모두 같도다. 이 미스 세시마례의 정인을 이별하고 각색으로 고생한 것을 보면 눈물을 금치 못할지로다. 이 몸은 초년에 양친을 여의고, 기다리는 사람은 진가를 알지 못하니, 이같이 가련한 인생이 어디 있으리요. 그러한 중 숙부라 하는 사람은 진실한 혈속이 아니요 다만 의로 정한 터이라, 외양은 친절한 듯하나 내심은 알지 못할 뿐더러 근일에는 의심되는 일이 한두 가지가 아니기로 맡겨 둔 전재의 출납한 문부를 보자 하면 이리저리 칭탁만 하고 종시 보이지 아니하며, 모친의 유언으로 심랑의 소식을 기다리고 있음을 번연히 알면서 타문에라도 급히 결혼하라 재촉하니, 그 뜻이 가장 괴이함이요, 부친 생전에 무슨 필적을 받아 두었다 하면서 오늘까지 나를 뵈이지 아니함은 까닭을 알지 못하리로다. 동무가 아무리 많아도 모두 계집아이라 쓸데없고, 어느 명민하고 친절한 사람이 이 때 있다면 무슨 일이든지 모두 의논이나 하여 보고 싶으나, 지금 모양으로는 그러한 사람도 만나기 극난하니 마음을 진정할 곳이 없도다."

하면서 보던 서책을 땅에 던지고 상 위에 있는 수건을 집어 하염없이 흐르는 눈물을 씻더니, 마침 연기가 오십여 세 가량이나 된 남자가 들어오며,

"네 몸이 그저 편하지 못하냐. 왜 오늘도 학교에를 아니 가느냐?"

하는 자는 본래 장흥 사족으로, 십사오 년 전에 덕적 첨사를 다녀온 권 첨사라. 원래 글자는 하되 욕심은 대단한 터인데, 매선의 부친이 처음 경성으로 올라와 사고무친하여 심히 외로울 때에 권 첨사를 만나 동향 세의만 생각하고 의형제를 한 까닭으로 매선이가 숙부라 칭하는 것이라.

매선이 불편한 기색을 감추고 천연히 대답하되,

"오늘부터 쾌차하오니 염려 마옵소서."

권 첨사가 교의에 걸터앉으며,

"네 병이 낫다니 나의 마음이 얼마쯤 기쁘도다. 너를 보러 들어옴은 다름이 아니라 향래부터 이삼 차 말하였거니와 이는 첫째는 너의 신세를 위함이요, 그 다음은 자격이 합당한 사람이 있기로 너의 말을 듣고자 하노니, 재삼 생각하여 좋은 기회를 잃지 말지어다."

하면서 매선의 안색을 살펴보거늘, 매선이 심중은 놀라우나 사색을 나타내지 아니하고 나직한 말로 대답하되,

"그 말씀은 향래부터 자주 듣자왔으나 숙부께서도 아시는 바 어버이 생존하셨을 때에 약조한 사람이 있었으므로 모친께서 기세하실 때에 정녕한 유언이 계시고, 소녀도 아직 일이 년 안에는 출가치 아니하려 하나이다."

"옹졸한 소견도 있다. 나도 여러 번 심랑을 보았으나 이는 너의 모친이 무부를 진옥으로 보심이라. 인물도 그다지 준수치 못할 뿐 아니라, 무슨 작죄를 하였는지 어디로 도망한 이후로 지금껏 그 생사도 알지 못하거늘, 만리 전정을 생각지 아니하고 이팔 광음을 허송하라 하심은 너의 모친의 병환중 혼미한 정신으로 하신 난명이라. 지금 너의 처지에 난명을 준수하여 앞일을 생각지 아니함은 만만불가하니 고집 말지어다. 네가 아무리 학문이 유여하고 범절이 영리한 터이나 종시 계집아이라. 세사를 알지 못하여 능히 가간사를 정리하기 어렵기로, 내가 실상은 타인이로되 매사를 주선하여 아무쪼록 그르침이 없도록 보살폈거니와 이제는 점점 나이 많이 오매 정신이 현황하여 분란한 일은 상관하기 염증이 나고, 반 년 간 회계도 계산하기 어려워서 향자에 네게 재촉을 당하였거니와, 너는 일찍이 몸을 의탁하여 집을 보전함이 합당할 듯하며, 또 네가 집을 맡은 사람이 되었은즉 만일 타

처로 가기를 즐기지 아니할진대 내가 데릴사위로 정하여 같이 있어도 무방하며, 나의 말하는 바 남자는 범상한 인물이 아니라 정히 너의 배필이 될 만하기로 강권함이라. 필경 너도 이전에 일이 차 만나서 얼굴로 알 듯하나 만일 그 사람과 결혼치 아니하면 이는 나의 좋은 뜻을 저버림이라."

하여 달래고 권하는지라.

매선이 마음에 숙부가 무슨 관계가 있어 자기의 즐기지 아니하는 일을 억지로 권하는가 하여 듣기 싫은 말로 대답할 듯하나, 원래 그 성질이 온화한 고로 진정하여 가로되,

"숙부의 말씀이 진실로 감격한 바이오나, 소녀의 사정은 아까도 말씀함과 같아서 그 남자가 아무리 비범한 사람이라도 지금은 결혼할 생각이 없사오며, 듣자오니 서양서는 마음에 합당하는 사람으로 부부의 언약을 정한 후 외양으로만 그 부모에게 의논한다 하오니, 은덕을 받은 숙부의 말씀을 거역하기는 죄송하오나 다만 결혼 일사는 소녀의 마음대로 하게 버려 두심을 바라나이다."

권 첨사 급급한 모양으로 가로되,

"아무리 하여도 나의 말을 듣지 못할 터이냐?"

매선이 대답하되,

"결단코 이 말씀은 봉행치 못하겠나이다."

권 첨사 얼굴에 푸른 힘줄이 일어나면서 담뱃대로 재판을 두드리며 고성하여 수죄를 할 듯하다가 별안간에 좋은 말로,

"옳지, 그러하지. 너의 마음이 기특하다. 인자된 도리에 그러하지 아니하면 불가하니 나의 말을 자세히 들어라. 너의 말이 그러할진대 무슨 일이 있든지 부모의 유언을 지키고 변치 아니코자 하느냐?"

매선이 응답하되,

"이는 다시 물으실 바 아니로소이다."

권 첨사가 가로되,

"그리할진대 너의 장씨의 재산을 자기의 물건으로 알지 못하리로다."

매선이 변색하여 고하되,

"이는 숙부의 말씀이라도 알지 못할 바이오니, 소녀가 비록 계집아이오나 부모의 후를 이은 몸이 되어 자기의 재산을 자유로 못한다 하심은 무슨 까닭인지 모르나이다."

권 첨사 가로되,

"너의 생각이 저러하기로 부당한 고집으로 나의 이르는 말을 듣지 아니하는도다. 자식을 알기는 아비 같은 이가 없다 하더니, 너의 부친의 지감이 있음은 탄복할 바이로다. 매선아, 이것을 보아라."

하면서 네모진 얼굴을 뒤틀고 입 속으로 중얼중얼 하면서 손궤 속에서 편지 한 장을 내어 주거늘, 매선이 괴상히 여기며 즉시 받아보니 자기 부친 생전에 권 첨사에게 유언으로 부탁한 것이라. 그 글에 하였으되,

'나의 사후에 여식 매선으로 집주인을 삼고 그대는 뒷배 보는 사람이 되어 일가의 재산을 정리하여 주심을 바라노니, 일찍이 여식을 심랑과 결혼하여 데릴사위 삼기를 경영하였더니 그 후에 심랑이 종적을 감추어 간 바를 알지 못하니 만일 나의 사후에 삼 년 내로 심랑이 돌아오면 전 언약을 좇아 부부를 삼고 일가의 재산을 사양하여 줄 것이요, 만일 이 기한이 지나도록 심랑은 돌아오지 아니하고 매선이 다른 곳에 출가하기를 불긍하거든 재산을 십의 일만 분깃하여 주어서 각거하게 하고 장씨의 후를 이을 사람을 양자하여 영구히 재산을 보전케 함을 원하노니, 아무쪼록 범연히 마심을 바라노라.'

매선이 불의에 이 유서를 보고 기가 막히나, 원래 지혜 있는 여자인 고로 마음을 진정하여 두세 번 그 유서를 훑어보고 접어서 도로 권 첨

사를 주며 왈,

"부친의 유언이 이러하실진대 일후에 숙부의 말씀을 좇으려 하나이다. 그러하나 부친 병환중에 소녀와 모친이 주야에 부친 곁에 있어 여러 가지 유언을 자세히 들었사오나, 이러한 유서를 숙부에게 드렸다 하시는 말씀은 듣지 못하였나이다."

하면서 이야기하는 중이라도 그 양친의 병중사를 생각하고 눈물이 비오듯 하거늘 권 첨사는 보지 못하는 체하고 말하되,

"너의 부친 하세하시던 사오 일 전에 뵈오러 갔더니 그 때 마침 너도 없고 너의 모친도 계시지 아니한데 이 유서를 가방 속에서 내어 주시며 기외에 다른 일도 모두 부탁하시던 것이 지금도 목전에 뵈옵는 듯하다. 아무리 기질이 좋은 사람이라도 대병중에는 평상시와 다르니 아마 잊으시고 너에게 말씀을 못하셨나 보다."

매선이 웃음을 머금고 말하되,

"말씀과 같을진대 한 가지 알지 못할 일이 있소이다. 부친 병환시에 숙부께서는 고향에 가 계시고 경성에 계시지 아니하셨다가 겨우 부친 하세하시던 전날에야 비로소 오시지 아니하였삽나이까."

권 첨사가 말이 막혀 묵묵히 있다가,

"이는 내가 잘못 생각하였다. 늙어지면 정신조차 없어져서 삼 년 된 일이 아득히 잊어버렸도다. 다시 생각한즉, 이 유서도 역시 그 전날 받았나 보다."

매선이 권 첨사를 잠깐 흘겨보더니,

"그 유서를 다시 한 번 보여 주시옵소서."

하면서 받아 펴 들고 가로되,

"숙부는 이것을 자세히 보옵소서. 이 글씨가 부친의 필적과 흡사하오나 먼저 쓴 글씨는 부친의 명함 쓴 글씨보다 먹빛이 다르기로 나중에

써서 넣은 모양 같아 뵈오니 어인 일인지 이상하여이다."

권 첨사가 소리를 높여 말하되,

"이 글씨를 어디로 보아 이필이라 하여, 소위 숙부라 하며 필적 위조한 흉악한 무리로 돌려보내느냐. 매선아 자세히 나의 말을 들어 보아라. 나도 원래 벼슬 다니던 사람으로 세상일도 짐작하는 터이요, 그뿐아니라 이 유서를 그 사이 법률을 정통한 사람들에게 뵈고 그 말도 들어 보았거니와, 네가 아무리 고집하여도 이미 삼 년 기한이 지났으니 나는 너의 부친의 유서와 같이 가합한 자를 양자하여 장씨의 후를 잇는 것이 당연한 일이라. 만일 재판을 할진대 대언인이 되어 결단코 이겨 보겠다 하는 사람도 여럿이 있더라마는, 너를 보아 아직 거절하고 친절한 마음으로 출가하기를 권하나 너는 고마운 생각은 없고 도리어 정녕 무의한 유서를 위조하였다 하니, 이 어찌 숙부를 내하여 네가 차마 할 말이리요."

하면서 이를 악물어 사람을 씹어 삼킬 것같이 하거늘 매선이 부복하여 이윽토록 말이 없다가 돌이켜 생각하고 가로되,

"소녀가 잘못하였사오니 용서하심을 바라나이다. 이렇듯 부친의 유서도 있사오니 숙부의 말씀을 봉행하여 일찍이 신세를 정하리이다."

권 첨사는 가장 곧이듣고,

"벌써부터 나의 말을 순종하였으면 이치를 장황히 말할 것도 없고 큰소리도 아니 하였으리로다. 너의 말을 들으니 내가 안심하노라."

하면서 저의 마누라를 불러 내니 권 첨사의 마누라 임씨가 장지를 열고 들어와 매선의 곁에 앉아서 쪼그라진 입에 버스러진 이가 입술 밖으로 나오며 호호 웃더니,

"너는 효행이 있는 아이라 기특하다. 너의 부친이 지하에서 기꺼워하시리로다. 지금 급히 출가하라 함도 아니니 천천히 상당한 사람을 기

다리는 것도 좋을지라. 매선아, 좀 웃어나 보려무나. 무슨 일을 그다지 생각만 하느냐."

그 때 마침 하인이 뜰 앞에 와 고하되,

"작은아씨, 문 밖에 송 교관이 오셔서 그 누이님의 말씀을 전하고자 하여 잠깐 뵈옵기를 청하더이다."

매선이 이르되,

"오냐, 무슨 일인지 모르거니와 나도 할 말씀 있으니 잠깐 계시라 하여라. 지금 나가마."

하고 문간으로 향하여 가니, 권 첨사가 그 노처를 대하여 숨을 휘이 내어쉬며,

"계집아이가 주제넘게 글자를 보아서 세밀한 일까지 모르는 것 없으므로 이번에 내가 땀을 흘렸도다. 그러나 저의 부친의 도장 찍힌 유서가 있는 데는 하릴없을지니 하상천의 지혜는 짐짓 탄복할 바이오. 이 외에 송 교관이 잘 꾀었으면 하상천과 혼인이 십분의 구는 되기 무려할지라. 종자 이후로 전당 잡힌 문서도 발각될 염려가 없을 뿐 아니라 천 원이나 되는 큰 돈이 손에 들어올지니 어찌 다행치 아니리요. 마누라 여보오, 하인 불러 앞집에 가서 술이나 좀 받아 오라 하오. 우리 이 일 잘 되라고 축원을 하여 봅시다."

제12회

낙자 정정하여 바둑 두는 소리에 백 일은 일 년같이 길고, 제비는 쌍으로 날아드는 곳에 한 사람은 연기가 삼십 내외간쯤 되었는데, 높은 코와 큰 눈에 안색이 백설 같아 당당한 장부의 기상이 사람을 압도할 만하고, 무슨 일을 생각할 때마다 미간에 내 천자로 주름이 잡히니 이

는 별 사람이 아니라 그 집 주인 하상천이니, 머리에 정자관을 쓰고 몸에 생주주의를 입고 청공단 보료에 안석을 의지하여 앉았고, 벽상에 전렵도를 걸었으며, 화병에 백일홍 두어 가지를 꽂았고, 책상 위에 법규유취 이삼 권이 있고, 그 옆에 수십 장씩 묶은 문부가 쌓여 있으니, 이는 여러 사람의 재판하기 전 미리 감정하기를 부탁한 문적이러라. 또 한 사람은 추포주의를 입고 죽립을 썼는데 둥근 얼굴에 단소한 남자이니 이는 송군서라. 사오 년 전부터 하상천의 집 식객이 되었더니, 근일에 스스로 대언인 사무에 종사할 새 항상 하상천의 지휘를 받아 분주하더라.

이 때 하상천이 송 교관을 대하여 말하되,

"바둑을 두고 나면 너무 더워 견디지 못하겠으니 좀 쉬어서 두어 보세. 그러하나 여보게 송 교관, 그 일은 매우 잘 되지 아니하였는가. 나도 독립회 연설장에서 그 여자를 만난 후로부터 매우 유의하여 수소문을 하여 보고 영어 학당에 다니는 것을 알았더니, 다행히 그대의 매씨와 함께 그 학교에서 공부하므로 나의 사정을 그대에게 부탁하여 그 근지를 알아본즉 부모도 형제도 없다 하기에 으레 될 줄로 생각하였더니, 그 여자가 당초에 계약한 남자를 기다리고 있기로 아무리 권면하여도 청종치 아니한다는 말을 듣고 다시는 생의도 못할 줄로 알았더니, 마침 권 첨사가 채전에 못 견디어 그대를 소개하여 나에게 타첩할 방책을 묻지 아니하였나. 그래 내가 자세히 탐지하여 본즉 그 여자의 가권을 모르게 전당 잡힌 곡절일레그려. 만일 이 일을 그 여자가 알고 보면 기외의 맡은 돈 사용한 것까지 발각이 될 사세기로 곤란함을 면치 못하겠다고 좋은 방침을 지시하여 달라기로, 나의 소망을 말하여 그 여자와 결혼시켜 주면 천금으로 보수하여 그 채전을 청장하게 하여 주마 하였더니 권 첨사는 응낙을 하였으나, 다만 그 여자가 출가할 마음이 없으니 권 첨사는 주선할 도리가 별로 어디 있나. 할 수 없이 권 첨사더러 그 여자의 부친 도장 찍힌 휴지를 얻어 보라 하였더니 일이 되느라고 마침 적당한 것을 가져왔기로 약시약시하게 유서를 꾸며 낸 것은 진실로 신기한 묘산이 아닌가. 일전에 권 첨사가 그 유서를 보이고 출가함을 강권하였더니 그 여자도 하릴없이 허락을 하더라니 외양 형편으로 보면 거의 될 듯하나, 그러나 그대가 다시 힘을 다하지 아니하면 되지 못할지니 나의 소망을 저버리지 말지어다."

송 교관이 대답하되,

"전일에 선생의 부탁을 들은 고로 고향에 돌아가 있는 누이의 전하는 말이 있다 청탁하고 그 여자의 눈치를 보러 갔더니 그 여자가 여러 말 끝에 묻기를, 그대는 대언인이 되신 터이니 이러한 일을 알으실 터이어니와 여자라도 부모의 재산을 상속한 지 이삼 년이 지났는데 살림 뒷배 보는 사람이 졸지에 부친의 유서가 있다 칭하고 별로 양자를 데려오고 그 여자를 쫓아내는 일이 법률 규정에 있나이까 하기로, 나는 그 이허를 짐작하나 짐짓 알지 못하는 체하고 어떠한 법률은 현란한 사건도 있기로 용이히 판단하기 어렵거니와, 우리 나라에서 현행하는 법률은 서양 각국과 같지 아니하여 재판소에서는 무슨 일이든지 종물권을 시행한다 대답하였은즉 그 여자가 아무리 영악하여도 하릴없이 권 첨사의 지휘를 쫓으려니와, 그러나 선생같이 규모 있는 터에 아무리 일대 절색이요 학문이 있다 한들 천 원이나 되는 전재를 허비하려 함은 무슨 생각인지 나는 조금도 알지 못하는 바이라."

하상천이 수염을 쓰다듬으며 가로되,

"이는 두루 생각하는 바가 있음이니 정실은 부모가 주혼하신 바이로되 그 용모가 험악할 뿐 아니라 마음에 합당치 못한 일이 많은 고로 본가로 쫓아 보내고 그 후에 전주집을 데려왔더니 자식까지 낳았기로 길래 같이 지낼 줄 알았더니 그 역시 불합할 뿐더러 근래 사회의 풍조가 변하여 오므로 차차 부인들도 공회 같은 데 참례하는 일이 있으니 아직은 경장하던 처음이라. 사녀의 품행이 문란한 결과를 인하여 행실이 없는 부녀라도 함부로 귀부인 좌석에 섞이는 일이 있으되, 멀지 아니하여 필경 서양 풍속을 본받아 품행이 단정치 못한 부녀는 상등 사회에서 받지 아니하리니 창기의 무리로 가속을 삼는 것은 창피할지라. 우리도 타일에 뜻을 얻어 내외 신사를 교제하려 한즉 아무쪼록 시세에 합당한 부인을 취하지 않으면 불가할지라. 그 여자는 인물도 불초치 아니하고 학문도 있으며 영어도 능통한다 하니 아내를 삼아도 부끄럽지 아니할 바요, 기외의 재산도 있다 하니 우리 나라는 부부간에 재물을 각각 구별하는 법률이 확정치 아니하였은즉 한번 혼례하면 그 여자의 재산이 모두 나의 차지 될지요, 성사한 후에는 천원 돈도 허비할 필요가 없으니 다만 입으로 말만하여 증거가 없을 뿐 아니라, 권 첨사도 남의 유서를 위조하였다 하는 밑 구린 일이 있으니 어찌 능히 나를 정소하여 재판을 청하리요."

송 교관이 그 말을 듣고,

"선생의 묘산은 진실로 귀신도 측량치 못할 바어니와, 그러하나 잘못하면 여의치 못할까 하나니 별로이 주의치 아니하면 불가하리로다."

하상천이 묻되,

"무슨 일을 이름이뇨?"

송 교관이 가로되,

"근일에 풍편으로 들으니 그 여자가 이태순과 벌써 언약을 굳게 하였다 하니, 선생은 알아서 주선할지어다."

하상천이 의외에 이 말을 들으며 기가 막혀 이윽토록 손끝을 비비며

생각하더니 홀연히 무릎을 치고 웃으며 가로되,

"한낱 우직한 이태순과 암약한 여자를 어찌 처치할 도리가 없으리요."

하면서 입을 송 교관의 귀에 대고 약시약시하라 하니 송 교관이,

"옳지, 그 신문기자는 선생과 친분도 있을 뿐 아니라 사람을 비방하기 좋아하느니, 부탁만 하면 아니 될 이치가 없으니 지금 가는 길에 말하여 보리로다."

하상천이 또 송 교관더러,

"여보게, 그리하고 또 약시약시하게."

송 교관이 고개를 끄덕이며,

"옳지, 그렇지. 꼭 될 일이지."

하상천이 또 말하되,

"그러하고 그 부비는 약시약시하게."

제13회

일쌍 청조가 매화 가지 위에서 꽃을 희롱하니 향기 가지에 가득하도다.

"나는 청조 되고 너는 매화 되어 나래가 향기 꽃에 떠나지 말고지고. 여보게 옥도씨, 노래나 좀 부르게. 임 주사, 술 한 잔 더 자시게."

하며 너스레를 늘어놓는 사람은 송 교관이요, 단아한 모양으로 권하는 술을 사양하며 별로 말도 아니하고 웃지도 아니하는 사람은 이태순이라. 송 교관이 태순더러,

"내가 노형의 입성하심을 듣고 반가이 말씀도 하고 누설의 욕보이던 일도 위로할 차로 오늘 이 곳으로 감히 오시라 함이어늘, 술도 아니 자시고 담화도 아니 하시니 도리어 섭섭하여이다."

태순이 강잉히 웃으며 대답하되,

"이처럼 부르신 성의는 감사무지하거니와 소제는 본래 졸직한 성미라 질탕히 수작을 못하니 형의 뜻을 저버림 같아 심히 불안하도다."

곁에 있는 임 주사는 송 교관의 친구라. 술잔을 들어 태순에게 권하며 말하되,

"선생이 근일에 산수 좋은 곳에 유람하셨다 하오니 어디 경치가 가장 아름답더뇨?"

태순이 대답하되,

"별로 여러 곳도 가지 못하였고 또 행색이 총총하여 경치를 구경치 못하였으나, 일산에서 문전철이라 하는 친구와 그 외 유지한 수인을 만나 수일 두류하였는데 수석이 매우 절승하더이다."

송 교관이 말을 무지르며,

"여보, 절에 가면 중 이야기하고 촌에 가면 속인 이야기한다고, 오늘 밤 이 좌석에서는 술이나 먹고 옥도나 데리고 놀아 봅시다."

하며 옥도에게 곁눈질을 하니, 옥도가 연해 태순의 눈을 맞추며 술을 부어 들고 온갖 아양을 모두 부리나, 태순은 조금도 요동치 아니하고 있다가 송 교관을 돌아보며,

"이 동안 전성조도 평안하며 어느 곳에 머무느뇨?"

송 교관이 대답하되,

"형은 아직 그 소문을 듣지 못하였도다. 성조가 형을 모함한 죄로 반좌율을 당하여 지금까지 감옥서에 있거니와, 성조와 형이 무슨 큰 혐의가 있기로 그런 흉측한 마음을 먹었느뇨?"

태순이 탄식하되,

"그 사람이 나를 모함함은 그 뜻을 모르거니와 평일에 교분이 가까워 별로 감정이 없노라."

송 교관이 웃으며,

"형이 나를 속이는도다. 나는 전설로 들으매 성조와 친밀히 지내는 여자가 형과 가까워 형의 여비까지 담당하여 준 일을 알고 시기하여 그리함이라 하더이다."

태순이 정색하여 발명하고 내심으로 의혹이 자심한데, 임 주사가 신문 한 장을 들고 차례로 보아 내려가다가 어느 여자의 이야기를 보는 모양이더니 박장대소하며 송 교관을 바라보거늘 송 교관이 묻되,

"무슨 말이 있나? 여럿이 듣도록 크게 읽어 보게."

임 주사가 소리를 높여 가로되,

"남촌 근처인데 골목 이름과 통호수는 자세치 못하나 면담에 석회칠 하고 수목이 울밀한 중에 후원 초당 있는 집이요, 그 이름은 매화라 하든지 매향이라 하든지 하는 여자인데, 그 자색이 절등하여 달이 시기하고 꽃이 부끄러워하는 듯할 뿐 아니라, 개명한 학문도 있기로 근처에 소문이 유명하여 사람마다 흠모하는 바이더니, 청보에 개통을 쌌다는 말과 같이 그 여자가 음란한 행실이 한두 번 아니라 일전에도 신병이 있어 피접 간다 청탁하고 북한사에 가 있더니……."

하며 자주 곁눈질을 하며 태순을 흘금흘금 보니, 태순의 안색이 자연 불안하더라. 임 주사가 소리를 돋우며 또 보되,

"그 절에서 어느 남자를 사귀었던지 돌아오는 길에 그 소년을 보고 남이 부끄러운 줄 모르고 교중에서 은밀한 약조를 청한 후 경성으로 돌아왔다 하니 아무리 인물이 절색이요, 학문이 고명하다 할지라도 이러한 행실이 있을진대 그 이름을 매선이라 함이 부끄럽도다. 매화 라 하는 것은 절개가 높은 꽃이니 어찌 음행이 저러한 여자의 비할 바리요. 이는 진실로 매화를 욕되게 함이로다."

보기를 마치매 신문을 무릎 위에 놓고 송 교관을 보며 말하되,

"남촌 근처 있다 하니 일전에 말하던 그 여자가 아닌가?"

송 교관이 가로되,

"전후의 사정을 생각하여 보면 알 듯한 일이 아닌가. 대저 은밀한 일은 소문나기가 쉬운 법이니."

옥도가 옆에서 말하되,

"어느 곳 사람인지는 모르나 그러한 일까지 신문에 오르니 견딜 수 없으리로다."

송 교관이 웃으며,

"너의 일도 자주 신문에 나기로 이른바 과부 설움은 동무 과부가 안다 하더니, 너를 두고 하는 말이로다."

태순이 넋을 잃은 듯이 듣고 있더니 별안간 안색이 불쾌하여 송 교관을 보며,

"그대는 그 신문에 게재된 여자를 일찍이 아는 사람인가?"

송 교관이 대답하되,

"나의 누이와 한가지로 학교에 다닌 여자인고로 자세히 아노니, 용모는 그다지 추물은 아니요 재주도 있으나, 계집아이로서 연설장으로나 쫓아다니고 그 외 행실이 괴악하여 조금 마음에 있는 남자를 보면 각색 천한 행동으로 그 정신을 미혹하여 전재를 빼앗다가 그 남자가 저의 욕심대로 주지 아니하면 즉시 거절하고 또 다른 남자를 친하기로 이번까지 몇 번이나 신문에 나는지 모르겠으니, 대저 여자라 하는 것은 외양으로만 보고 알지 못할 것이어늘, 그러한 계집에게 속는 남자야 일개 천치라 말할 것 없나니라."

하면서 무심히 하는 말같이,

"노형, 그 사이 북한사에 유람하셨다 하니 그 여자를 혹 만나지 못하였는가?"

태순이 알지 못하는 모양으로 대답하되,

"그러한 여자를 어디서 보았으리요."

입으로 대답은 하면서 마음에는 심히 불평하더라.

아무리 태순같이 재덕이 겸비한 사람이라도 이 때까지 매선과 깊은 교제가 없고 다만 일차 담화를 들은 후로 재색을 흠선할 뿐이요, 그 사람됨은 자세히 알지 못할 터이라. 옛적에 증자의 어머니 같은 이도 그 아들이 살인하였다 함을 세 번째 듣고서는 베틀 위에서 짜던 북을 던지고 달아났다 하는 말도 있으니 십벌지목은 자고로 없는지라. 일전에 일산에서 두 서생의 말을 듣고 의심하던 중 이번 신문 게재된 일을 보고 또 송교관이 그 소행을 자세히 알아 신문과 조금도 다르지 아니한즉 스스로 의심을 풀지 못하여 불쾌한 감정이 불 일듯 하되 사색을 남에게 알림은 불가한 고로 짐짓 다른 이야기도 하며 억지로 진정코자 하나 도저히 어려운지라, 옥도의 권하는 술을 못 이기는 체하고 오륙 배를 마시니, 본래 주량이 크지 못한 사람으로 자연 대취하여 정신이 몽롱하더라.

제14회

동창에 해가 비치고 문 외에 거마가 분분한데 방문 밖에서 인적이 있더니,

"서방님, 기침하여 계시니까?"

태순이 이불 속에서 머리를 들고 창을 밀치니 금년이 웃음을 머금고 묻되,

"어젯밤에 매우 취하신 듯하옵더니 곤뇌하지 아니하시니까?"

태순이 가로되,

"먹을 줄 모르는 술을 과음하여 정신없이 취하였더니 두통도 나고 목

이 말라 견딜 수 없으니 냉수 한 그릇 가져오기를 청하노라. 그러나 내가 어느 때에 주인집에 돌아왔느뇨. 아주 기억치 못하겠도다. 무슨 실수나 아니하였는가?"

금년이 가로되,

"밤이 너무 늦었으되 오시지 아니하시기로 주인 서방님께서 염려하시고 인력거를 데리고 가시더니 새로 두 점 가량은 되어 모시고 오셨나이다. 서방님은 평생에 조심을 하시고 술을 과음하지 아니하시더니 이번에는 이상한 일이라고 여러분이 말씀하셨나이다."

하며 일봉 서간을 허리춤에서 내어 드리는데, 피봉의 필적이 전자의 무명씨 돈 보내던 편지와 흡사하거늘, 태순이 떼어 보니 한 장 청첩이라. 사연에 하였으되,

'노상에서 잠시 말씀함은 여자의 행실이 아니온 듯 수괴하옴을 이기지 못하오며, 존가가 입성하심을 듣고 구의봉 구름을 헤쳐 만리 앞길을 열고자 하오나 여자의 몸이 되어 먼저 탑하에 나가지 못하옵고 두어 줄 글월을 부치노니, 외람타 마시고 쑥문으로 하여금 빛이 나게 하심을 바라나이다'

태순이 보기를 마치매 작야에 보던 신문과 송 교관의 말이 문득 생각이 나며, 그 편지 보기도 자기 몸을 더럽힐 듯하여 쭉쭉 찢어 화로에 떨어뜨리고 정대한 말로 금년이더러 이르되,

"이 다음에는 이 같은 서간이 오거든 받아들이지 말지어다."

금년이 무료히 섰다가 가로되,

"소녀가 서방님을 여러 달 모시고 지내매 범절이 인후하여 박행하심을 뵈옵지 못하였더니, 오늘 하시는 거조는 실로 생각던 바 아니로소이다."

태순이 잠잠히 있거늘, 금년이 또 말하되,

"소녀가 열인은 많이 못하였사오나 이 아가씨같이 무던하신 이는 다시 못 보았고, 또 서방님께 향하여 마음쓰심이 실로 범연치 아니하시거늘, 오늘날 이같이 냉대하심은 어떤 연고니이까?"

태순이 의아하여 재삼 생각하다 가로되,

"그 여자를 네 어찌 그같이 자세 알며 내게 향한 마음이 무엇이 있느뇨?"

금년이 가로되,

"그 아씨는 권 첨사 댁 작은아씨신데 수차 부르시기에 가 뵈왔삽거니와 인품도 좋으시고 재질도 좋으셔 평생에 서책을 많이 보아 학문이 유여하신데, 행실도 단정하실 뿐 아니라 비복들에게도 은애로 무마하시므로 칭찬 아니하는 사람이 없사오며, 의로 맺은 숙부에게도 지성으로 봉양하시는 것을 보오면 어느 누가 감동치 아니하오리까. 먼젓번에 서방님께 식비 보내시던 이름 없는 편지도 어디서 온 것인지 몰랐더니, 이 동안 알아본즉 그 아씨께서 유지하신 양반의 곤란 겪으심을 애석히 여겨 보내신 것이라 하더이다."

태순이 고개를 숙이고 있다가 가로되,

"네 말과 같을진대 가히 아름다운 여자라 하겠으나, 그러한 괴이한 소문이 신문상에 올라 세상에 낭자함은 어쩐 연고인지 모르리로다."

금년이 대경 소리하여 가로되,

"서방님께서도 그런 말을 곧이들으시고 이같이 말씀하시니 진실로 한심하여이다. 근일 신문에 해괴한 말을 기재하여 사람의 이목을 의혹케 함은 정녕히 심사 불량한 권 첨사 영감과 어느 양반이라던지 성명을 잊었사오나, 그 아씨를 욕심내어 백 가지로 결혼하기를 꾀하다가 뜻과 같지 못하여 함혐하고 있는 자가 흉측한 계교로 욕설을 주작하여 신문에 내인 것인 듯하오니, 바라건대 서방님은 소인의 참소로 옥

같은 아씨를 의심 말으소서."

태순이 이리저리 생각하다가 금년의 말을 들으니 사리가 그러할 듯하고, 또 간밤에 신문 보던 임 주사라 하는 자의 얼굴이 일산서 목욕하며 이야기하던 사람과 방불함을 의아하였더니 비로소 짐작이 나서는지라, 필연을 내어놓고 답서를 써 금년을 주고 즉시 전함을 부탁한 후 홀로 앉아 탄식하되,

'북한사 노파로 하여금 나에게 전케 한 글을 생각건대 족히 그 여자의 일정한 뜻과 인심의 파측한 것을 알 것이요, 또 송 교관은 본래 빈한한 사람으로 다수한 전재를 허비하여 가당치 아니한 대탁을 차림은 이상할 뿐더러 조좌 중에 신문을 낭독하며 그 여자의 흠언을 광포하고, 또 옥도로 하여금 술을 강권하여 나의 대취함을 주선함은 모두 무슨 사단이 있음이어늘, 전후 사정을 생각지 아니하고 사람의 선동한 바 되어 일시의 분으로써 은의 있는 여자를 불평히 여김은 나의 몰각함이로다. 국가의 경륜을 품고 복잡한 사회에 나와 사업을 이루고자 하면서 부정한 무리의 농락에 빠지고 어찌 세상의 유명한 정치가가 되기를 기약하리요. 이는 지금까지 글만 읽고 앉아서 정신을 허비하여 세태와 인정을 살피지 못한 소치라. 아무리 서적을 박람하였을지라도 경력이 부족하면 수다한 사람을 접제하여 정치상에 힘을 다하지 못하리로다.'

하여 마음이 분발하니, 이는 장차 태순이 세상을 입신하여 유명한 정치가로 전정을 담당할 만한 소년 기상이러라.

태순이 소세를 마친 후 의관을 정제하고 권 첨사 집으로 향하려 할새 금년이 밖에서 쫓아 들어오며 조용히 고하되,

"서방님께서 지금 권 첨사 댁으로 행차하시려 하시나이까. 그 댁 작은아씨께서 당부하시기를, 오늘 오후에 권 첨사 내외분이 남문 밖 일

가 댁에 가실 터이니 그 승시하여 오시면 이목이 번다치 아니할 듯하다 하시더이다."

태순이 그 말을 듣고 오후가 되기를 기다려 남촌으로 찾아가니, 중문을 적적히 닫고 사람의 자취가 고요한데 다만 삽살개 한 마리가 문 앞에 누워 졸 뿐이라.

태순이 한참 방황 주저하다가 기침을 이삼 차 하니 안에서 계집 하인이 나와 태순을 보고 명함 한 장을 달래 가지고 들어가더니 즉시 나오며 앞을 인도하여 후원 별당으로 들어가는데, 좌우를 살펴보니 집이 별로 크지는 아니하나 군신 좌사가 분명하고 주련부벽이 시속 누태는 하나 없이 청아한 글 뜻을 취하여 붙였으며, 괴석과 화초도 번화함을 버리고 담박하기로 위주하였는데, 당상에 교의 삼사 개를 놓고 그 곁 고족상 위에 차 제구를 벌여 놓았으니 그 아담한 운치가 비할 데 없고, 방안의 문방제구도 한가지 시속 부인의 거처하는 곳 같지 아니하여 연상 문갑을 운치 차려 그 위에 만국 서책을 정돈하였더라.

제15회

세상에 사람이 나서 무엇이 그중 기껍고 무엇이 그중 원하는 바이냐 하며, 귀천 부귀를 물론하고 마음과 뜻이 서로 같아 서로 나무랄 데 없는 지기를 만남에서 더 지날 것이 없느니, 가령 원앙이 비취에 대하여서도 기꺼울 것도 없고 원하는 바도 아니며, 비취가 원앙에 대하여서도 기꺼울 것도 없고 원하는 바도 아니라. 천생으로 원앙은 원앙과 만나고, 비취는 비취와 만난 연후에야 비로소 소원이 성취되어 한없이 기껍다 함과 일반으로, 숙녀는 군자의 좋은 짝이라 결단코 용렬한 지아비는 원하고 기꺼워하지 아니하리로다. 매선이 태순의 이름을 보고 반가운 낯

빛으로 마루 아래 내려 맞아 들어가 빈주의 좌를 정한 후 매선이 차를 내와 단정히 말하되,

"한낱 규중 천품이 당돌히 고명하신 대인으로 욕림하심을 청하였사오니 송황한 마음을 둘 곳이 없사오나 사정의 절박함이 있어 짐짓 과실을 범하였사오니 용서하시기를 바라나이다."

태순이 고쳐 앉으며 대답하되,

"문산포 노중에서 밝게 가르침을 입은 후 산두같이 우러름을 마지 못하옵더니 더러이 여기지 아니시고 이같이 부르시니 실로 미물의 고기가 용문에 오름을 얻음 같사오이다."

말을 마치며 벽상을 우연히 바라보니, 금식으로 꾸민 틀에 사진 한 장을 걸었는데 자기의 얼굴과 흡사한지라 마음에 경아하여 앞으로 가까이 가 본즉 분명 자기의 사진이요 그 밑에 한 구 글을 썼으되,

'금석같이 무거운 언약이여, 죽기를 한하고 저버리지 못하리다.'

하였거늘 태순이 더욱 괴이히 여겨 물어 가로되,

"사진은 내가 처음으로 경성에 올라오던 해에 박인 바이어늘 어찌하여 귀댁에 있으며, 또 그 밑에 있는 글은 무엇을 가르침인지 해득키 어렵나이다."

매선이 수삽한 얼굴을 강잉히 들어 대답하되,

"그 사진이 공자 같으시면 어찌하여 성씨가 상차되나이까?"

태순이 옷깃을 여미고 대답하되,

"문산포 노상에서 행색이 심히 총총하시므로 묻자오시는 말씀을 미처 대답치 못하와 지금껏 불안하거니와, 소생이 십삼 세 시에 공부함이 필요할 줄만 알고 불초한 행동으로 부모께 고치 아니하고, 경성으로 올라와 혹 종적이 탄로될까 염려하여 잠시 권도로 심가라 변성하온 일이 있사오나 낭자가 어디로 좇아 아시나니까."

매선이 자취 없는 눈물로 옷깃을 적시며 가로되,

"박명한 첩의 엄친 재세시에 공자의 사진을 주시며 이르시되, 이는 곧 너의 백 년 언약을 정한 바 심랑이라, 나 죽은 후라도 부디 신을 지키어 나의 부탁을 저버리지 말라 하심이 있삽기로, 영정한 신세로 비상히 곤란을 겪사오며 군자의 종적을 탐문코자 하오나 강근한 친족도 없사와 누구로 더불어 의논할 곳도 없사오니 구구히 적은 예절을 지키다가는 일생을 그르칠 뿐 아니라, 선친의 유언을 거역하와 세상에 용납치 못할 불효 죄명을 면키 어려울까 하여 부끄러움을 무릅쓰고 여학교에 들어 일변 학문도 연구하고, 일변 군자의 성식을 알고자 하여 앞서 독립관 연설장에까지 가서 두루 살피옵다가 천행으로 군자의 연설하심을 뵈왔사오나 성씨가 이씨라 하오니 바라던 마음이 땅에 떨어져 창연히 집으로 돌아왔삽더니, 다시 들은즉 군자가 식비로 군색하시다 하기로 약소한 전량을 부끄럼 무릅쓰고 받들어 보냈삽고, 그 후 북한사에서 잠시 지나가심을 뵈왔사오나 노파를 반련하여 존성을 묻자올까 하였더니, 숙모의 재촉하심으로 겨를을 도모치 못하고 그 곳서 떠날 새 용렬한 글 한 수를 군자에게 드리라 노파더러 부탁하고 문산포로 갔삽더니 천만 뜻밖에 노중에서 뵈옵고 당돌히 말씀을 묻자온 일은 여자의 행실이 아니오나 박부득이한 사정이 있사와 남의 웃음을 돌아보지 못함이로다."

태순이 이윽고 생각하다가 가로되,

"그러하오면 존성이 장씨가 아니시오니까?"

매선이 대답하되,

"그러하나이다."

태순이 탄식하여 가로되,

"영존이 소생의 용우함을 살피지 못하시고 정혼함을 말씀하신 일이 과연 있사오나 그 때 소생의 연치가 어리고 행실이 경박하여 등한히 잊고 다시 기억도 아니 하였사오니, 오늘날 낭자의 고초 겪으신 일은 모두 소생의 불민한 죄로소이다. 그러나 박부득이한 사정이 있다 하시니 소생으로 인연하여 무슨 관계가 있나이까?"

매선이 한숨을 깊이 쉬며 가로되,

"첩의 명도 기박하와 일찍이 천지가 무너지고 다만 의로 정한 숙부 권 첨사를 의지하여 가산을 정리케 하옵고, 아무 때든지 군자를 기다리려 하였삽더니, 재정 출납을 일절 속일 뿐더러 선친의 유서를 위조하여 첩을 축출하려는 음모를 포장하고 백 가지로 운동하는 중 하상천의 지촉을 청종하고 첩의 정한 마음을 억륵으로 빼앗으려 하나 종시 청종치 아니하온즉, 하상천이 저의 문인 송 교관을 소개하여 혹 위협도 하며 혹 달래기도 하다가 심지어 입에 담지 못할 욕설로 신문에 게재까지 하였으니, 이는 첩의 명예를 없도록 하여 군자로 하여금 침 뱉고 돌아보지 아니하게 하고 저의 계교를 성취코자 함이요, 또 묻지도 않는 말로 군자가 근일에 주색에 침혹하여 옥도라 하는 기생과 백 년 금실을 맺었다 하여 첩의 단망하기를 도모하더이다."

하고 오열히 우는지라.

태순이 듣기를 다하매 매선의 지낸 역사는 신고 처량하여 대장부로 하여금 더운 눈물이 절로 떨어질 듯하고, 하상천의 행한 간계는 음흉 극악하여 당사자로 하여금 모골이 자연 송연한지라. 이윽고 생각하다가 매선을 위로하여 가로되,

"한 번 이지러지면 한 번 둥근 것은 천리에 소소한지라. 선분의 고초는 후분의 안락될 장본이니 조금도 비상치 말으시고 전후 방침을 도모하사이다. 소생이 처음에 입성하여 구두쇠 여관에 있삽더니 뜻밖 송 교관이 요리점으로 청하여 비상히 접대하며 옥도로 하여금 먹지

못하는 술을 강권하나 소생이 연전에 취중에 실수한 일이 있는 고로 맹세코 과음치 아니하옵더니, 어리석은 위인이 상천의 계교에 빠진 바 되어 신문에 기재한 욕설과 송 교관의 험언을 곧이듣고 흠모하던 마음이 땅에 떨어지매 불운한 회포를 금치 못하여 다시 사양치 아니하고 권하는 술을 마시고 정신없이 혼도하였더니, 주인 구두쇠가 전재에는 인색하나 사람은 직심이라 소생이 밤들도록 아니 돌아옴을 보고 요리점으로 찾아와 옥도의 만집함을 배각하고 인력거에 실어 돌아오므로 다행히 흉계에 빠지지 아니하였소이다. 그 자들의 소위를 생각하면 강경한 수단으로 통쾌히 설치함이 마땅하오나, 옛말에 하였으되 '사람은 나를 저버릴지언정 나는 사람을 저버리지 말라' 하였으니, 하·송 양인은 다시 말할 것 없거니와, 권 첨사는 남에게 팔린 바 되어 이익을 희망하던 자라. 그 뜻을 궁구하면 도리어 불쌍한 인류니 이왕 흠축한 재산 문부를 저 보는 데 충화하여 광탕한 뜻을 베풀면 저도 필연 감격히 여길까 하나이다."

매선이 고쳐 앉으며 공경히 대답하되,

"천려에도 이같이 생각하였삽던 차 밝히 가르치심을 입사오니 어찌 봉행치 아니하오리까."

하며 상 위의 시계를 보더니,

"벌써 하오 네시가 되어 숙부의 돌아올 시간이 멀지 아니하였사오니 오래 이 곳에 지체하심이 불가할 듯하여이다."

태순이 급히 일어 작별할 새 매파를 보내어 정식으로 혼인을 정한 후 택일 세례함을 약조하고 주인집으로 돌아가니라.

권 첨사 내외는 비루한 사람이라 범포한 채장을 일체 탕감함을 보고 한없이 기뻐하여 하상천의 꾀임으로 유서 위조하던 일을 절절 자복하며, 태순의 매파가 다녀간 후로 혼수를 성비하여 길일 되기를 고대하더라.

은세계

이인직

지은이 ⋯⋯⋯⋯⋯⋯⋯⋯⋯⋯⋯⋯⋯⋯⋯⋯⋯⋯⋯⋯⋯⋯⋯⋯⋯⋯⋯⋯⋯⋯⋯⋯⋯⋯⋯⋯⋯

1862~1916년. 최초의 신소설 작가. 호는 국초. 경기도 이천 출생. 1906년
《만세보》의 주필을 지내며 최초의 신소설 〈혈의 누〉를 연재했다. 이완용의 힘
을 빌려 《대한신문》을 창간했다. 1908년에는 원각사를 세워 〈은세계〉를 상연
하는 등, 신극 운동을 전개하기도 했다. 주요 작품으로 〈혈의 누〉, 〈은세계〉를
비롯해 〈귀의 성〉, 〈모란봉〉 등이 있다.

은 세 계

    겨울 추위 저녁 기운에 푸른 하늘이 새로이 취색하듯이 더욱 푸르렀는데, 해가 뚝 떨어지며 북서풍이 슬슬 불더니 먼산 뒤에서 검은 구름 한 장이 올라온다. 구름 뒤에 구름이 일어나고, 구름 옆에 구름이 일어나고, 구름 밑에서 구름이 치받쳐 올라오더니, 삽시간에 그 구름이 하늘을 뒤덮어서 푸른 하늘은 볼 수 없고 시커먼 구름 천지라. 해끗해끗한

눈발이 공중으로 회회 돌아 내려오는데, 떨어지는 배꽃 같고 날아오는 버들가지같이 힘없이 떨어지며 간 곳 없이 스러진다. 잘던 눈발이 굵어지고, 드물던 눈발이 아주 떨어지기 시작하며 공중에 가득 차게 내려오는 것이 눈뿐이요, 땅에 쌓이는 것이 하얀 눈뿐이라. 쉴새없이 내리는데, 굵은 체 구멍으로 하얀 떡가루 쳐서 내려오듯 솔솔 내리더니 하늘 밑에 땅덩어리는 하얀 흰무리 떡덩어리같이 되었더라.

사람이 발 디디고 사는 땅덩어리가 참 떡덩어리가 되었을 지경이면 사람들이 먹을 것 다툼 없이 평생에 떡만 먹고 조용히 살았을는지도 모를 일이나, 눈구멍 얼음 덩어리 속에서 꿈적거리는 사람은 다 구복에 계관한 일이라. 대체 이 세상에 허유같이 표주박만 걸어 놓고 욕심없이 사는 사람은 보두리 있다더라.

강원도 강릉 대관령은 바람도 유명하고 눈도 유명한 곳이라. 겨울 한

철에 바람이 심할 때는 기왓장이 훌훌 날린다는 바람이요, 눈이 많이 올 때는 지붕 처마가 파묻힌다는 눈이라. 대체 바람도 굉장하고 눈도 굉장한 곳이나, 그것은 대관령 서편의 서강릉이라는 곳을 이른 말이요, 대관령 동편의 동강릉은 잔풍향양하고 겨울에 눈도 좀 덜 쌓이는 곳이라. 그러나 일기도 망령을 부리던지 그 날 눈과 바람은 서강릉도 이보다 더할 수는 없지 싶을 만하게 대단하였는데, 갈모봉이 짜그러지게 되고 경금 동네가 푹 파묻히게 되었더라. 경금은 강릉에서 부촌으로 이름난 동네이라, 산 두메 사는 사람들이 제가 부지런하여 손톱 · 발톱이 닳도록 땅이나 뜯어먹고 사는데, 푼돈 모아 양돈 되고, 양돈 모아 궷돈 되고, 송아지 길러 큰 소 되고, 박토 긁어 옥토를 만들어서 그렇게 모은 재물로 부자 된 사람이 여럿이라. 그 동네 최 본평 집이 있는데, 동네 사람들의 말이,

"저 집은 소문 없는 부자라. 최 본평의 내외가 억척으로 벌어서 생일이 되어도 고기 한 점 아니 사 먹고 모으기만 하는 집이라, 불과 몇 해 동안에 형세가 버썩 늘었다. 우리도 그 집과 같이 부지런히 모아 보자."

하며 남들이 부러워하고 본받으려 하는 사람이 많은 터이라.

대체 최 본평 집은 먹을 것 걱정 입을 것 걱정은 아니 하는 집이라. 겨울에 눈이 암만 많이 와도 방 덥고, 배부르고, 등에 솜조각 두둑한 터이라. 그 눈이 내년 여름까지 쌓여 있더라도 한 해 농사 못 지어서 굶어 죽을까 겁날 것은 없고, 다만 겁나는 것은 염치없는 불한당이나 들어올까 그 염려뿐이라. 바람은 지동치듯 불고 최 본평 집 사립문 안에서 개가 콩콩 짖는데, 밤사람의 자취로 아는 사람은 알았으나, 털 가진 짐승이라도 얼어 죽을 만하게 춥고 눈보라 치는 밤이라 누가 내다보는 사람은 없고 짖는 개만 목이 쉴 지경이라. 두메 부잣집도 좀 얌전히 잘 지은

집이 많으련마는 경금 최 본평 집은 참 돈만 모으려고 지은 집인지 울타리를 너무 의심스럽게 하였는데, 높이가 길 반이나 되는 참나무로 틈 하나 없이 튼튼하게 한 울타리가 옛날 각 골 옥담 쌓듯이 뺑 둘렀는데 앞에 사립문만 닫치면 송곳같이 뾰족한 수가 있는 도적놈이라도 뚫고 들어갈 수 없이 되었더라. 그 울 안에 행랑이 있고 그 행랑 앞으로 지나가면 사랑이 있으나, 사립문 밖에서 보면 행랑이 가려서 사랑은 보이지 아니하니 여간 발씨 익은 과객이 아니면 그 집에 사랑 있는 줄은 모르고 지나가게 된 집이러라.

밤은 이경이 될락말락 하였는데 웬 사람 오륙 인이 최 본평 집 사립문을 두드리며 문 열어 달라 소리를 지르나 앞에서 부는 바람이라, 사람의 목소리가 떨어지는 대로 바람에 싸여서 덜미 뒤로만 간다. 주인은 듣지 못한 고로 대답이 없건마는, 문 밖에서 문 열어 달라 하는 사람은 골이 어찌 대단히 났던지 악을 써서 주인을 부르는데 악쓰는 아가리 속으로 눈 섞인 바람이 한입 가득 들어가며 기침이 절반이라. 사립문을 부술 듯이 발길로 걷어차니 사립문 위에 얹혔던 눈과 문틈에 잔뜩 끼었던 눈이 푹 쏟아지며 사람의 덜미 위로 눈사태가 내려온다. 행랑방에서 기침 소리가 쿨룩쿨룩 나며 개를 꾸짖더니 무엇이라고 두덜두덜하며 나오는 것은, 최 본평 집에서 두 내외 머슴 들어 있는 자이라. 바지춤 움켜쥐고 버선 벗은 발에 나막신 신고 나가서 사립문을 여니 문 밖에 섰던 사람이 골이 잔뜩 나서 누구든지 닥치는 대로 분풀이를 하려는 판이라. 와락 들어오며, 머슴놈을 때리며 발길로 걷어차며 무슨 토죄를 하는데, 머슴이 눈 위에 가로 떨어져서 살려 달라고 빈다.

머슴의 계집은 웬 영문인지도 모르고 겁에 띠어서 행랑방 뒷문을 열고 버선발로 뛰어나서서 눈이 정갱이까지 푹푹 빠지는 마당으로 엎드러지며 곱드러지며 안으로 들어가니 그 때 안 중문은 걸려 있는지라. 안

뒤꼍으로 들어가서 안방 뒷문을 두드리며,

"본평 아씨, 본평 아씨, 불한당이 들어와서 천쇠를 때려서 죽게 되었습니다."

하는 소리에 본평 부인이 베틀 위에서 베를 짜다가 북을 탁 던지고 일어나려 하나, 허리에 찬 베틀 끈이 걸려서 빨리 내려오지 못하고 겁결에 잠든 딸을 부른다.

"옥순아, 옥순아! 어서 일어나거라. 불한당이 들어온다!"

하며 일변으로 허리에 매인 베틀 끈을 끄르더니 방문을 열고 나가니, 자다가 깨인 옥순이는 어머니를 부르며 우나 부인이 대답도 아니하고 버선 바닥으로 뛰어나가서 사랑문을 두드리며 남편을 부르는데, 본평 부인이 어렸을 때에 그 친정에서 듣고 보고 자라나던 말투이라.

"옥순 아버지, 옥순 아버지, 불한당이 들어온다 하니, 이를 어찌한단 말이오?"

하며 벌벌 떠는 소리로 감히 크게 못하더라. 원래 그 집 사랑방에서 안으로 들어오는 문이 있는데 그 문은 앞뒤로 종이를 어찌 두껍게 많이 발랐던지, 문밖에서 가만히 하는 소리는 방 안에서 자세히 들리지 아니하는지라 그 남편이 대답을 아니하고 부인이 그 말을 거푸거푸 한다. 그때 최 본평이 덧문을 척척 닫고 자리 펴 놓고 들기름 등잔에서 그을음이 꺼멓게 오르도록 돋아 놓고 앉아서 집뼘 한 뼘씩이나 되는 숫가지 늘어 놓고 한 짐 두 뭇이니 두 짐 닷 뭇이니 하며 구실돈 셈을 놓다가 문 두드리는 소리를 듣고 정신없이 아니 놓을 수 한 가지를 덜컥 더 놓으며 고개를 번쩍 드는데, 부인의 말소리가 최 본평의 귓구멍으로 쏙 들어간다.

(최) "응, 불한당이라니, 불한당이 어디로 들어와?"

하며 벌떡 일어나서 안으로 난 문을 와락 여는데, 부인은 문에 얼굴을 대고 섰다가, 문이 얼굴에 부딪쳐서 부인이 애코 소리를 하며 푹 고꾸라지니, 최씨가 문설주를 붙들고 내다보며 당황히, 어, 어, 소리만 하고 섰는데, 그 때 마침 행랑 앞에서 머슴을 치던 사람들이 사랑 앞으로 와서 마루 위로 올라서던 차이라. 안으로 난 문 여는 소리를 듣고 주인이 도망하려는 줄로 알고,

"듣거라!"

소리를 하며 마루를 쾅쾅 구르고 들어오며 사랑문을 열어젖히더니, 제비같이 날쌘 놈이 번개같이 달려 들어오니 본래 최 본평은 도망하려는 생각이 아니라 불한당이 들어오는 줄로만 알고 안으로 들어가서 집안 사람들이 놀라지 아니하게 안심시키려던 차에, 부인이 얼굴을 다치고 넘어진 것을 보고 나가서 일으키려 하다가 사랑방에 그 광경 나는 것을 보고 도로 사랑으로 들어서며,

"웬 사람들이냐?"

묻는데 그 사람들은 대답도 없고 최씨를 잡아 묶어 놓으며 사람의 정신을 빼는데, 최 부인은 그 남편이 곤경당하는 소리를 듣고 얼굴 아픈 생각도 없고 내외할 경황도 없이 사랑방을 들여다보며 벌벌 떨고 섰는데, 나이 이십칠팔 세쯤 된 어여쁜 부인이라.

그 날 밤에, 최 본평 집에 들어와서 야단치던 사람들은 강원 감영 장차인데 영문 비관을 가지고 강릉 경금 사는 최병도를 잡으러 온 것이라. 최병도의 자는 주삼이니 강릉서 수대 사는 양반이라. 시골 풍속에 동네 백성들이 벼슬 못한 양반의 집은 그 양반의 장가든 곳으로 택호를 삼는 고로, 최 본평 댁이라 하니 본평은 최병도 부인의 친정 동네이라. 그 때 강원 감사의 성은 정씨인데, 강원 감사로 내려오던 날부터 강원 일도 백성의 재물을 긁어들이느라고 눈이 벌개서 날뛰는 판에 영문 장차들이 각 읍의 밥술이나 먹는 백성을 잡으러 다니느라고 이십육 군 방

방곡곡에 늘어섰는데, 그런 출사 한 번만 나가면 우선 장차들이 수나는 자리라.

장차가 최병도를 잡아 놓고 차사례를 추어 내는데 염라국 사자 같은 영문 장차의 눈에 최병도 같은 양반은 개 팔아 두 냥 반만치도 못하게 보고 마구 다루는 판이라 두 손목에 고랑을 잔뜩 채우고 차사례를 달라 하는데, 최씨가 차사례를 아니 주려는 것이 아니라, 여간 돈을 주마 하는 말은 장차의 귀에 들어가지도 아니하고 제 욕심을 다 채우려 든다.

대체 영문 비관을 가지고 사람 잡으러 다니는 놈의 욕심은, 남의 묘를 파서 해골 감추고 돈 달라는 도적놈보다 몇 층 더 극악한 사람들이라. 가령 남의 묘를 파러 다니는 도적놈은 겁이 많지마는 영문 장차들은 겁없는 불한당이라. 더구나 그 때 강원 감영 장차들은 불한당 괴수 같은 감사를 만나서 장교와 차사들은 좋은 세월을 만나 신이 나는 판이라. 말끝마다 순사도를 내세우고 말끝마다 죄인 잡으러 온 자세를 하며 장차의 신발값을 달라고 하는데, 말이 신발값이지 남의 재산을 있는 대로 다 빼앗아먹으러 드는 욕심이라. 열 냥을 주마 하여도 코웃음이요, 백 냥을 주마 하여도 코웃음이요, 이백 냥·삼백 냥을 주마 하여도 코웃음인데, 그 때는 엽전 시절이라, 새끼 밴 큰 암소 한 필을 팔아도 칠십 냥을 받기가 어렵고 좋은 봇돌논 한 마지기를 팔아도 삼사십 냥을 넘지 아니할 때이라.

최씨가 악이 버썩 나서 장차에게 돈 한 푼 아니 주고 배기려만 든다. 장차는 죄인에게 전례돈 뺏어 먹기에 졸업한 놈들이라. 장교가 그 눈치를 채고 사령을 건너다보며,

"이애 김달쇠야, 네가 명색이 사령이냐 무엇이냐? 우리가 비관을 메고 올 때에 순사또 분부에 무엇이라 하시더냐? 막중 죄인을 잡으러 가서, 만일 실포할 지경이면 너희들은 목숨을 바치리라 하셨는데, 지금 죄인

을 잡아서 저렇게 헐후히 하다가 죄인을 잃으면, 우리들은 순사또께 목숨을 바치잔 말이냐? 우리들이 이런 장설을 맞고 이 밤중에 대관령을 넘어올 때 무슨 일로 왔느냐? 오늘밤에 우리가 곤하게 잠든 후에 죄인이 도망할 지경이면, 우리들은 죽는 놈이다. 잘 알아차려라."

그 말이 뚝 떨어지며 사령이 맞넉수가 되어 신이 나서 그 말대답을 하며 달려들더니, 역적 죄인이나 잡은 듯이 최병도를 꼼짝 못하게 결박을 하는데 장차의 어미나 아비나 쳐죽인 원수같이 최씨의 입에서 쥐 소리가 나도록, 두 눈이 툭 솟도록, 은근히 골병이 들도록 동여매느라고 사랑방에서 새로이 살풍경이 일어나는데 안마당에서 본평 부인의 울음소리가 난다.

(부인) "에고! 이것이 웬일인고! 이를 어찌하잔 말인고? 에고에고, 평생에 남에게 싫은 소리 한 번 아니하고 사는 사람이 무슨 죄가 있어

서 이 지경을 당하노? 에고, 에고, 하나님 하나님, 죄 없는 사람을 살게 하여 줍시사! 에고, 에고, 여보, 옥순 아버지, 돈이 다 무엇이란 말이오, 영문 장차가 달라는 대로 주고 몸이나 성하게 잡혀 가시오."

하며 우는데 옥순이는 어머니를 부르며 악마구리같이 따라 운다. 최병도가 제 몸 고생하는 것보다 그 부인과 어린 딸을 위로하기 위하여 장차에게 돈 칠백 냥을 주기로 작정이 되었는데, 장차들의 욕심이 흠쭉하게 찼던지 결박하였던 것도 끌러 놓을 뿐만 아니라, 맹세짓거리를 더럭더럭 하며 말을 함부로 하던 입에서 말이 너무 공손히 나온다.

(장교) "최 서방님, 아무 염려 말으시오. 우리가 영문에 가서 순사또께 말씀만 잘 아뢰면 아무 탈 없이 될 터이니 걱정 마시오. 들어앉으신 순사또께서 무엇을 알으시겠습니까? 염문하여 바친 놈들이 몹쓸 놈이지요. 우리가 들어가거든 호방 비장 나리께도 말씀을 잘 여쭙고 수청 기생 계화더러도 말을 잘 하여서 서방님이 무사히 곧 놓여 오시게 할 터이니 우리만 믿으시오. 압다, 일만 잘 되게 만들 터이니 호방 비장 나리께 약이나 좀 쓰고 계화란 년은 옷하여 입으라고 돈 백 냥이나 주시구려. 압다, 요새 그년이 뽐내는 서슬에 호사 한번 잘 시키고 그 김에 계화란 년 상관이나 한 번 하시구려. 촌에 사는 양반이 그런 때 호강을 좀 못해 보고 언제 하시겠소? 그러나 딴 구멍으로 청할 생각 말으시오. 원주 감영 놈들이란 것은 남의 것을 막 떼어먹으러 드는 놈들이오. 누가 무엇이라 하던지 당초에 상관을 마시오. 서방님 같은 양반이 영문에 가시면 못된 놈들이 공연히 와서 지분지분할 터이니 부디 속지 마시오."

하더니 다시 사령을 건너다보며,

"이애, 사령들아! 너희들도 영문에 들어가거든 꼭 내가 시키는 대로 이렇게만 말하여라. 강릉 경금 사는 최 본평이란 양반은 아까운 재물을 결딴냈더라. 그 어림없는 양반이 서울 가서 누구 꾀임에 빠졌던 지? 지금 세상에 찡찡거리는 공사청 내시들의 노름하는 축에 가서 무엇을 얻어 먹겠다고 그런 살얼음판에 들어앉아서 노름을 하였던지, 부자 득명하고 살던 재물을 죄 잃어버리고 아무것도 없다데. 대체 노름빚이 얼마나 되었던지 내시 집에서 노름빚을 받으려고 최 본평이라는 그 양반 집으로 사람을 내려보내서 전장 문서를 전부 뺏어 가고 남은 것은 한 이십 간 되는 초가집 하나와 황소 한 필뿐이라 하니, 아무리 시골 양반이 만만하기로 남의 재물을 그렇게 뺏어 먹는 법이 있느냐 하면서 풍을 치고 다니어라. 그러면, 나는 호방 비장 나리께 들어가서 어떻게 말씀을 여쭙던지 열기 없이 속여 넘길 터이다. 이애, 우리끼리 말이지 우리 영문 사또 귀에 최 서방님이 패가하셨다는 소문이 연방 들어갈 지경이면 당장에 백방하실 터이다. 또 요사이는 죄인이 어찌 많던지, 옥이 툭 터지게 되었으니 쓸데없는 죄인은 곧잘 놓아 주신다. 이애, 일전에도 울진 사는 부자 하나 잡혀 왔을 때 너희들도 보았지? 그 때 옥이 좁아서 가둘 데가 없다고 아뢰었더니 사또 분부에 허물한 죄인은 더러 내놓으라고 하시더니, 죄는 있고 없고 간에 거지 같은 놈은 다 내놓았더라. 이애들, 별말 말고 우리가 최 서방님 일만 잘 보아 드리자. 우리들이 서방님 일을 이렇게 잘 보아 드리는데 서방님께서 무슨 처분이 계시지, 설마 그저 계시겠느냐?"

그렇게 제게 당길심 있는 말을 하면서 최씨를 위하여 줄 듯이 말을 하나, 최씨가 도망 못 가도록 잡아 두라 하는 것은 처음과 조금도 다를 것이 없는지라.

그 날 밤에는 그런 소요로 그럭저럭 밤을 새우고, 그 이튿날 장차의 전례돈을 다 구처하여 원주 감영으로 환전을 붙인 후에 최씨를 앞세우고 곧 떠나려 하는데, 본래 최병도는 경금 동네에서 득인심한 사람이라 양반·상인 없이 최씨의 소문을 듣고 최씨를 보러 온 사람이 많으나, 장차들이 최씨를 수직하고 앉아서 누구든지 그 방에 사람이 들어가지 못하게 하는 터이라. 본평 부인이 그 남편 떠나는 것을 좀 보자고 하여 그 종 복녜를 사랑으로 내보내서 장차에게 전갈로 청을 하는데 촌양반의 집 종이 영문 장차를 어찌 무서워하던지 사랑 뜰에 우두커니 서서 말을 못한다. 그 때 마침 동네 사람들이 최씨를 보러 왔다가 보지 못하고 떠나갈 때에, 길에서 얼굴이나 본다 하고 최씨 집 사립문 밖에서 서성거리고 있는 사람도 많은 터이라.

그 중에 웬 젊은 양반 하나이 정자관 쓰고 시골 촌에서는 물표 다를 만한 가죽신 신고 서양목 옥색 두루마기에 명주로 안을 받쳐 입고, 얼굴은 회오리바 벗듯 하고, 눈은 샛별 같고, 나이는 삼십이 막 넘은 듯한 사람이 담뱃대 물고 마당에 섰다가, 복녜의 모양을 보고 복녜를 불러 묻는다.

"이애 복녜야, 너 왜 거기 우두커니 서서 주저주저하느냐?"

(복례) "아씨께서 서방님께 좀 뵈옵겠다고, 사랑에 나가서 그 말씀 좀
    하라셔요."

관 쓴 양반이 그 말을 듣더니 사랑 마루 위로 썩 올라서면서 기침 한 번을 점잖게 하며 사랑방 지게문을 뚝뚝 두드리며, 영문 장교더러 할 말이 있으니 잠깐 좀 내다보라 하니, 본래 영문 장차가 감사의 비관을 가지고 촌양반을 잡으러 나가면 암행어사 출도나 한 듯이 기승스럽게 날뛰는 것들이라 장교가 불미한 소리로,

"웬 사람이 어디를 와서 함부로 그리하느냐?"

하며 내다보기는 고사하고 사령더러 잡인들을 다 내쫓으라 하니 사령 하나이 문을 열어젖뜨리며 와락 나오더니, 관 쓴 양반의 가슴을 내밀며 갈범같이 소리를 지르는데 관 쓴 양반이 눈에서 불이 뚝뚝 떨어지도록

부릅뜨고 호령 한 마디를 하더니, 다시 마당에 섰는 웬 사람을 내려다 보며,

　"이애 천쇠야, 너 지금 내로 이 동네 백성들을 몇이 되든지 빨리 모아 데리고 오너라."

하는데, 천쇠는 어젯밤에 장차들에게 얻어맞던 원수를 갚는다 싶은 마음에 신이 나서 목청이 떨어지도록 소리를 지른다.

　"아랫말 김 진사 댁 서방님께서 동네 백성들을 모으라신다, 빨리 모여들어라."

하면서 사립문 밖으로 나가는데, 그 때는 눈이 길길이 쌓인 때라. 일없는 농군들이 최 본평 집에 영문 장차가 나와서 야단을 친다 하는 소리를 듣고 구경을 하러 왔다가 장차가 못 들어오게 하는 서슬에 겁이 나서 못 들어오고 이웃 농군의 집에 들어앉아서 까마귀 떼같이 지껄이고 있는 터이라.

　"본평 댁 서방님이 영문에 잡혀 가신다지?"

　"그 양반이 무슨 죄가 있어서 잡아가누?"

　"죄는 무슨 죄, 돈이 있는 것이 죄이지."

　"요새 세상에 양반도 돈이 있으면 저렇게 잡혀 가니 우리 같은 상놈들이야 논마지기나 있으면 편히 먹고 살 수 있나?"

　"이런 놈의 세상은 얼른 망하기나 했으면…… 우리 같은 만만한 백성만 죽지 말고 원이나 감사나 하여 내려오는 서울 양반까지 다같이 죽는 꼴 좀 보게."

　"원도 원이요, 감사도 감사어니와 저런 장차들부터 누가 다 때려죽여 없애 버렸으면."

하면서 남의 일에 분이 잔뜩 나서 지껄이고 앉았던 차에, 천쇠의 소리를 듣고 우우 몰려나오면서 천쇠더러 무슨 일이 있느냐 묻는데, 천쇠는

본래 호들갑스럽기로 유명한 놈이라, 영문 장차가 김 진사 댁 서방님을 죽이는 듯이 호들갑을 부리니, 어서 본평 댁으로 들어가자 소리를 어찌 황당하게 하던지, 농군들이,

"자아, 들거라!"

소리를 지르고 최 본평 집 사랑 마당에 들어오는데, 제 목소리에 제가 정신을 못 차릴 지경이라.

경금 동네가 별안간에 발끈 뒤집히며, 최 본평 집에 무슨 야단났다 소문이 퍼지며, 양반·상인·아이·어른 없이 달음질을 하여 최 본평 집에 몰려오는데, 마당이 좁아서 나중에 오는 사람은 들어오지 못하고 사립문 밖에 서서 궁금증이 나서 서로 말 묻느라고 야단이라.

그 때 최 본평 집 사랑 마당에서는 참 야단이 난 터이라. 김씨의 일호령에 원주 감영 장차들을 마당에 꿇려 앉혔는데, 김씨의 호령이 서리 같다.

(김) "너희들이 명색이 영문 장차라는 거냐? 영문 기세만 믿고 행악을 할 대로 하던 놈들은 내 손에 좀 죽어 보아라. 민요가 나면 원과 감사가 민요에 죽는 일도 있고, 군요가 나면 세도 재상이 군요에 죽는 일이 있는 줄을 너희들이 아느냐? 내가 너희들에게 실례하기는 하였다. 너희들에게 할 말이 있으면 내 집 사랑에서 너희들을 불러서 이를 일이나, 지금 당장에 이 댁 최 서방님이 영문으로 잡혀 가시는 터에, 급히 너희들더러 청할 말이 있는 고로, 내가 여기 서서 방에 있는 너더러 좀 나오라 하였다가 내가 너희들에게 욕을 보았다. 오냐, 여러 말할 것 없다. 너희들 같은 놈은 어디 가서 기승을 부리다가 남에게 맞아죽는 일이 더러 있어야, 이후에 다른 장차들이 촌에 나가서 조심하는 일이 생길 터이니, 오늘 너희들을 살려 보낼 수 없다."

하더니 다시 동네 백성들을 내려다보며,

(김) "이애, 이 동네 백성들 들어 보아라. 나는 오늘 민요 장두로 나서서 원주 감영 장차 몇 놈을 때려죽일 터이니, 너희들이 내 말을 들을 터이냐?"

경금 백성들이 신이 나서 대답을 하는데 마당이 와글와글 한다.

(백성) "네에, 소인들이 내일 감영에 다 잡혀 가서 죽더라도 서방님 분부 한 마디만 있으면 무슨 일이든지 하라시는 대로 거행하겠습니다."

(김) "응, 민요를 꾸미는 놈이 살 생각을 하여서는 못쓰는 법이라. 누구든지 죽기를 겁내는 사람이 있거든 여기 있지 말고 나가고, 나와 같이 강원 감영에 잡혀가서 죽을 작정하는 사람만 나서서 몽둥이 하나씩 가지고 장차들을 막 패죽여라."

그 소리 뚝 떨어지며 동네 백성들이 몽둥이는 들었든지 아니 들었든지 아우성 소리를 지르며 장차에게로 달려드는데, 장차의 목숨은 뭇 발길에 떨어질 모양이라.

사랑방에 앉았던 최병도는 발바닥으로 뛰어 내려오고, 안중문 안에서 중문을 지치고 서서 내려다보던 본평 부인은 내외가 다 무엇인지 불고 염치하고 뛰어나와서 장차들을 가리고 서고 최씨는 동네 백성을 호령하여 나가라 하나, 호령은 한 사람 목소리요, 아우성 소리는 여러 사람의 목소리라 앞에 선 백성은 멈추고 섰으나, 뒤에서는 물밀 듯 밀고 들어오는데 장차들은 어찌 위급하던지 본평 부인의 뒤에 가 서서 벌벌 떨며 살려 달라 소리만 한다. 최병도가 동네 백성이 손에 들고 있는 지게 작대기를 쑥 뺏어 들고 백성을 후려 때리려는 시늉을 하나 백성들이 피할 생각은 아니 하고 섰으니, 그 때 마루 위에 섰던 김씨가 동네 백성들을 내려다보며,

(김) "이애, 그리하여서는 못쓰겠다. 장차들을 이 댁 사랑 마당에서 때려죽일 것이 아니라, 내 집 사랑 마당으로 잡아다가 죽이든지 살리

든지 하자."

마당에 섰던 백성들이 일변 대답을 하며 그 대답 소리에 이어서 소리를 지른다.

"저놈들을 잡아 가지고 김 진사 댁 마당으로 가자!"

하더니 장차를 붙들러 우우 달려드니, 장차가 최 본평 집 안중문으로 뛰어 들어가는데, 본평 부인이 뒤에 따라 들어가며 중문을 닫아 건다. 최씨가 사랑마루 위로 올라가며 김씨의 손목을 턱 붙들고 웃으면서,

(최) "여보게 치일이, 자네가 무슨 해거를 이렇게 하나? 동네 백성들을 내보내고 방으로 들어가세."

하더니 최씨가 일변 동네 사람들더러 다 나가라고 다시 천쇠를 불러서 사립문을 안으로 걸라 하고, 장차들은 행랑방에 들여앉히라 하고 최씨는 김씨와 같이 사랑으로 들어가는데, 장차들은 목숨 산 것만 다행히 여겨서 최씨의 하라는 대로만 하는 터이라. 천쇠를 따라 행랑방으로 나가 앉아서, 감히 사립문 밖으로 나갈 생각을 못하고 천쇠에게 첨을 하느라고 죽을 애를 쓴다. 그 때 김씨는 최씨의 사랑방에 앉아서 단둘이 공론이 부산하다.

(김) "여보게 주삼이, 자네나 나나 여기 있다가는 며칠이 못 되어 큰 일이 날 터이니 우리 둘이 서울이나 가서 있다가 이 감사 갈린 후에 내려오세."

(최) "자네는 이번에 일을 장만한 사람이니 불가불 좀 피하여야 쓰려니와, 나는 어디 갈 생각은 조금도 없으니 자네만 어디로 피하게."

(김) "자네가 아니 피할 까닭이 무엇인가?"

(최) "응, 자네는 이번에 이 일을 석 삭 동안만 피하면 그만이라, 자네 같이 논 한 마지기 없이 가난으로 패호한 사람을 감영에서 무엇을 얻어 먹겠다고 두고두고 찾겠나? 나는 돈냥이나 있다고 이름 듣는 사람

이라, 이 감사가 갈려 가더라도 또 감사가 내려오고, 내가 타도에 가서 살더라도 그 도에도 감사가 있는 터이라, 돈푼이나 있는 백성은 죄가 있든지 없든지 다 망하는 이 세상에 내가 가면 어디로 가며, 피하면 어느 때까지 피하겠나, 응? 뺏으면 뺏기고, 죽이면 죽고, 당하는 대로 앉아 당하지. 말이 났으니 말이지, 백성이 이렇게 살 수 없이 된 나라가 아니 망할 수 있나, 응? 말을 하자 하면 하루 이틀 한 달 두 달에 다 못할 일이라. 그 말은 그만두고 우리들의 일 조처할 말이나 하세. 자네는 돈 한 푼 변통하기 어려운 사람인데, 이번에 망나니 같은 감사에게 미움 받을 짓을 하고 여기 있을 수야 있나? 그러나 어디로 가든지 돈 한 푼 없이 어찌 나서겠나? 내가 표 하나를 써서 줄 터이니 내 마름을 불러서 이 돈을 찾아 가지고 어디든지 잘 가 있게. 나는 이 길로 장차를 따라서 영문으로 잡혀 갈 터일세."

하면서 엽전 천 냥 표를 써서 김씨를 주고 벌떡 일어나며,

"응, 친구도 작별하려니와 우리 마누라도 좀 작별하여야 하겠네."

하더니 안으로 들어가는데, 김씨는 앞에 놓인 돈표를 거들떠보지도 아니 하고 고개를 푹 수그리고 한참 동안을 앉았다가 고개를 번쩍 들며,

(김) "응, 그럴 일이야. 주삼이 떠나는 꼴은 보아 무엇하게?"

하더니 돈표를 집어서 부시 쌈지 속에 넣고 안으로 향하여 소리 한 마디를 꽥 지른다.

(김) "여보게 주삼이, 나는 먼저 가네. 죽은 놈은 죽거니와 사는 놈은 살아야 하느니, 세상이 망할 듯하거든 흥할 도리 하는 사람이 있어야 쓰는 법이라. 다 각각 제 생각 되는 대로 하여 보세."

하면서 나가는데, 최씨는 안에서 목소리를 크게 하여 외마디 대답이라.

(최) "어어, 알아들었네. 잘 가게그려!"

하는 말은 최씨와 김씨 두 사람만 서로 알아들을 뿐이라. 김씨는 어디

든지 멀리 달아날 작정이요, 최씨는 감영으로 잡혀 갈 마음으로 작별하는데, 부인이 울며,

(부인) "여보 옥순 아버지, 무슨 죄가 있어서 원주 감영에서 잡으러 내려왔소?"

(최) 응, 죄는 많이 지었지."

부인이 깜짝 놀라면서,

(부인) "여보, 그것이 무슨 말씀이오? 무슨 죄를 그렇게 많이 지으셨단 말이오? 열 길 물 속은 알아도 한 길 사람의 속은 모른다더니 나는 내외간이라도 그러실 줄은 몰랐소그려. 삼순 구식을 못 얻어 먹는 사람이라도, 제 마음만 옳게 가지고 그른 일만 아니 하고 있으면, 어느 때든지 한때가 있을 것이오, 만일 그런 마음 먹고 남에게 적악을 하든지 나라에 죄될 일을 할 지경이면 하늘이 미워하고 조물이 시기하여, 필경 그 죄를 받을 것이니 사람이 죄를 짓고 죄 받는 것을 어찌 한탄한단 말이오? 말으시오, 말으시오. 무슨 죄를 짓고 저 지경을 당하시오?"

(최) "응, 죄를 나 혼자 지었다구? 두 내외 같이 지었지."

(부인) "여보, 남의 애매한 말 말으시오. 나는 철난 후로 죄 될 일을 한 것 없소. 손톱 발톱이 닳도록 벌어 놓은 재물을 아껴 먹고 아껴 쓰면서, 배고픈 사람을 보면 내 배를 덜 채우고 한술밥이라도 먹여 보내고 동지 섣달에 살을 가리지 못하고 얼어 죽게 된 사람을 보면 내가 입던 옷 한 가지라도 입혀 보내고 손톱만치도 사람을 속여 본 일도 없고 털끝만치도 남을 해치려는 마음을 먹은 일이 없소. 없소 없소, 죄 될 일은 아무것도 한 것 없소. 여보시오, 여편네라고 업신여기지 말으시고 내 말 좀 들어 보시오. 죄될 일을 하실 때에 하느님 버력도 무섭지 아니하고 귀신의 앙화도 겁나지 아니하더라도 처자가 부끄러

워서 죄될 일을 어찌 하였단 말이오? 영문에서까지 알고 잡으러 온 터인데 나 하나만 기이면 무엇하오?"

(최) "응, 마누라는 죄를 지어도 알뜰하게 잘 지었지, 우리 죄는 두 가지 죄라, 한 가지는 재물 모은 죄요, 한 가지는 세력 없는 죄."

(부인) "여보, 그것이 무슨 죄란 말이오?"

(최) "응, 우리 나라에서는 녹피에 가로 왈자같이 법을 써서 죽이고 싶은 사람이 있으면 없는 죄를 만들어 뒤집어씌우고, 살리고 싶은 사람이 있으면 있는 죄도 벗겨 주는 세상이라. 이러한 세상에 재물을 가진 백성이 있으면, 그 백성을 다스리는 관원이 그 재물을 뺏어 먹으려고 없는 죄를 만들어서 남을 망해 놓고 재물을 뺏어 먹는 세상이니 그런 줄이나 알고 지내오. 그러나 마누라가 지금 태중이라지? 언제가 산월이오?

(부인) "……."

(최) "아들이나 낳거든 공부나 잘 시켜야 할 터인데……."

(부인) "여보, 그런 말씀은 지금 할 말이 아니오. 몇 달 후에 낳을 어린아이의 말과 몇 해 후에 그 아이 공부 시킬 일을 왜 지금 말씀하신단 말이오? 옥순 아버지가 영문에 잡혀 가시더라도 죄 없는 사람이라, 가시는 길로 놓여 나오실 터이니 왕환하는 동안이 불과 며칠이 되겠소? 집의 일은 걱정 말으시고 부디 몸조심하여 속히 다녀오시오."

(최) "응, 그도 그러하지. 그러나, 내가 객기가 많고 이상한 사람이야. 요새 세상에 돈만 많이 쓰면 쉽게 놓여 나오는 줄은 알지마는 나라를 망하려고 기를 버럭버럭 쓰는 놈의 턱 밑에 돈표를 써서 들이밀고 살려 달라, 놓아 달라, 그따위 청을 하고 싶은 마음은 없는걸. 죽이거나 살리거나 제 할 대로 하라지."

(부인) "여보시오, 그것이 무슨 말씀이오? 쉽게 놓여 나올 도리만 있

으면 영문에 잡혀 가던 그 날 그 시로 놓일 도리를 하실 일이지, 딴생각을 하실 까닭이 있소? 재물이 다 무엇이란 말이오? 우리 재물을 있는 대로 다 떨어 주더라도 무사히 놓여 나올 도리만 하시오. 여보, 재물은 없더라도 부지런히 벌기만 하면 굶어 죽지는 아니할 터이니 재물을 아끼지 말고 몸조심만 잘하시오. 만일 우리 세간을 다 떨릴 지경이어든 사랑에서는 거적도 매고 짚신도 삼으시고, 나는 베도 짜고 방아 품도 팔면 호구하기는 염려 없을 터이니, 먹고 살 걱정을 말으시고 영문에서 횡액만 아니 당할 도리만 하시오."

(최) "허허허, 좋은 말이로구. 마누라는 마음을 그렇게 먹어야 쓰지. 내 마음은 어떻게 돌아가든지 되어 가는 대로 두고 봅시다. 자, 두말 말고 잘 지내오, 나는 원주 감영으로 가오."

하면서 벌떡 일어나서 나가더니 영문 장차들을 불러서 당장에 길을 떠나자 하니 장차들은 혼이 떴던 끝이라, 최씨 덕에 살아난 듯하여 별안간에 소인을 개올리며 말을 한다.

(장차) "소인들은 이번에 서방님 덕택에 살았습니다. 소인 등이 서방님을 못 잡아가고 소인 등이 영문 사또 장하에 죽는 수가 있더라도 소인들만 들어갈 터이오니 이 동네에서 무사히 잘 나가도록만 하여 주십시오."

(최) "너희 말도 고이치 아니한 말이다마는 그렇게 못 될 일이 있다. 너희들이 나를 잡아가지 아니할 지경이면 너희들의 발뺌을 하느라고 경금 동네 백성들이 소요 부리던 말을 다 할 터이니 너의 영문 사또께서 그 말을 들으시면 경금 동네는 뿌리가 빠질 터이라. 차라리 나 한 몸이 잡혀 가서 죽든지 살든지 당할 대로 당하고 동네 백성들이나 부지하게 하는 일이 옳은 일이라. 너희들이 나를 고맙게 여길진대 이 동네 백성들을 부지하게 하여 다고. 또는 실상으로 말할진대 경금 동

네 백성들이야 무슨 죄가 있느냐? 김 진사 댁 서방님이 시키신 일인데, 그 양반은 벌써 어디로 도망하였을는지 이 동네에 있을 리가 만무한 터이라. 죄지은 사람은 어디로 도망하였는데 무죄한 여러 사람에게 그 죄가 미쳐서야 쓰느냐? 그러나 관속이라는 것은 믿을 수가 없는 것이라. 너희들이 이 동네 있을 때는 좋은 말로 내 앞에서 대답을 하더라도 영문에 들어가면 필경 만만한 경금 동네 백성들을 결딴내려 들 줄을 내가 짐작한다. 만일 너희들이 내 말대로 아니 할 지경이면 나는 너희들이 내 집에 와서 작폐하던 말을 낱낱이 하고, 내가 너희들에게 치사례 뺏기던 일도 낱낱이 하여 너희들을 순사또 눈밖에 나도록 말할 터이니 너희들은 너희 몸의 이해를 생각하여 나 하나만 잡아가고 경금 동네 백성들에게는 일 없도록만 하여 다고. 그러나 너희들이 하룻밤이라도 이 동네 있는 것이 부끄러운 일이니, 날이 저물었더라도 지금으로 떠나자."

하더니 장차는 앞에 서고 최씨는 뒤에 서서 사랑 마당으로 나가는데 안중문간에서 부인과 옥순의 울음소리가 난다. 부인이 한참 동안을 정신없이 울다가 옥순이를 데리고 사립문 밖으로 나가더니, 그 남편 간 곳을 우두커니 바라보고 섰는데 남편은 간 곳 없고 대관령만 높았더라.

원주 감영에 동요가 생겼는데, 그 동요가 너무 괴악한 고로, 아이들이 그 노래를 할 때마다 많은 사람들이 꾸짖어서 그런 노래를 못하게 하나 철 모르는 아이들이 종종 그 노래를 한다.

　내려왔네, 내려왔네, 불가사리가 내려왔네

　무엇하러 내려왔나, 쇠 잡아먹으러 내려왔네

그런 노래 하는 아이들은 무슨 의미인지 모르고 하는 노래이나, 사람들은 불가사리라 하는 것이 감사를 지목한 말이라 한다.

그것은 무슨 곡절인고? 거짓말일지라도 옛날에 불가사리라 하는 물건

하나이 생겨나더니 어디든지 뛰어다니면서 쇠란 쇠는 다 집어 먹은 일이 있었다 하는데, 감사가 내려와서 강원도 돈을 싹싹 핥아먹으려 드는 고로 그 동요가 생겼다 하는지라. 이 때 동요는 고사하고 진남문 밖에 익명서가 한 달에 몇 번씩 걸려도 감사는 모르는 체하고 저 할 일만 한다.

그 하는 일은 무슨 일인고? 긁어서 바치는 일이라. 긁기는 무엇을 긁으며 바치기는 어디로 바치는고? 강원 일도에 먹고 사는 재물을 뺏어다가 서울 있는 상전들에게 바치는 일이라. 상전이라 하면 강원도 감사가 남의 집에 문서 있는 종이 아니라 무서워하기를 상전같이 알고 믿기를 상전같이 믿고 섬기기를 상전같이 섬기는데 그 상전에게 등을 대고 만만한 사람을 죽여 내는 판이라.

대체 그런 상전 섬기기는 어렵고도 쉬운 터이라. 어려운 것이 무엇인고? 만일 백성을 위하여 청백리 노릇만 하고 상전에게 바치는 것이 없을 지경이면 가지고 있는 인 꼭지를 며칠 쥐어 보지도 못하고 떨어지는 터이요, 또 전정이 막혀서 다시 벼슬이라도 얻어 하여 볼 수가 없는 터이라. 그런 고로 그 상전 섬기기가 어렵다 하는 것이라.

쉬운 것은 무엇인고? 우물고누 첫수로 백성의 피를 긁어 바치기만 잘하면 그만이라. 이 때 강원 감사가 그 일을 썩 쉽게 잘하는 사람인데 또 믿을 만한 상전도 많은지라. 많은 상전을 누구누구라고 열명을 할진대 종 문서같이 사전 문서장이나 있어야 그 상전을 다 기억할지라. 세도 재상도 상전이요, 별입시도 상전이요, 긴한 내시도 상전이요, 그 외에도 상전낱이나 있는데, 그 중에 믿을 만한 상전 하나이 있다.

상전 부모라 하니 어머니 어머니 불렀으면 좋으련마는 원수의 나이 어머니라기는 남이 부끄러울 만한 터인 고로, 누님 누님 하는 여상전이라. 그 상전의 힘으로 감사도 얻어 하고 그 상전의 힘을 믿고 백성의 돈을 불한당질하는데, 그 불한당 밑에 졸개 도적은 졸남생이 따르듯 하였더라.

강원 감영 아전은 본래 사람의 별명 잘 짓기로 유명한 사람들이라. 감사의 식구를 별명 지은 것이 있었는데 골고루 잘 모인 모양이라.

순사또는 쇠귀신

호방 비장은 구렁이

예방 비장은 노랑 수건

병방 비장은 소경 불한당

공방 비장은 초라니

회계 비장은 갈강쇠

별실 마마는 계집 망나니

수청 기생은 불여우

별명은 다 다르나, 심정은 똑같은 위인이라. 무슨 심정이 같으냐 할 지경이면 괴수나 졸개나 불한당질할 마음은 일반이라. 대체 잔치하는 집에 떡 부스러기·국수 갈구랑이·실과 낱 헤어지듯이, 감사가 돈 먹는 서슬에 여간청 거간이나 한두 번 얻어 하면 큰 돈 머리는 감사가 다 집어 먹고 거건꾼은 중비만 얻어 먹더라도 수가 문청문청 난 사람이 몇 인지 모르는 판이라. 감사도 눈이 벌겋고 조방 군이도 눈이 벌개 날뛰는데, 강원도 백성들은 세간이 뿌리가 쑥쑥 빠질 지경이라. 강원 감영 선화당 마당에는 형장 소리가 끊어지지 아니하고 선화당 위에는 풍류 소리가 끊어질 때가 없다. 꽃 같은 기생들이 꾀꼬리 같은 목청으로 약산 동대 야지러진 바위를 부르면서 옥 같은 손으로 술잔을 드리는데, 수염이 희끗희끗한 늙은이가 웬 계집을 그렇게 좋아하던지 침을 께에 흘리며 기생의 얼굴만 쳐다보며, 술잔을 받아 먹는 감사의 얼굴도 구경 삼아 한번 쳐다볼 만하다.

거문고는 두덩실, 양금은 증지당, 피리는 닐닐리, 장구는 꿍 하는데, 꽃밭에 흩날리는 나비같이 너울너푼 너울너푼 춤추는 것은 장번 수청 기생 계화이라. 때때로 여러 기생들이 지화자 부르는 소리는 꾀꼬리 세계에 야단이 난 것 같다.

감사는 놀이에 흥이 날 대로 나고 기생에게 정신이 빠질 대로 빠지고 그 중에 술이 얼근하여 산동이 대란하더라도 심상한 판이라. 산동은 남의 나라 땅이어니와 우리 나라 영동이 대란하더라도 심상하여 그 놀음 놀이만 하고 있을 터이라. 그런 때는 영문에 무슨 일이 있든지 아전들이 그 일을 감사에게 거래를 아니 하고 그 노래 끝나기를 기다리든지 그 이튿날 조사 끝에 품든지 하지마는, 만일 감사에게 제일 긴한 일이 있으면 불류시각하고 품하는 터이라.

목청 좋은 급창이 섬돌 위에 올라서서 웅장한 소리를 쌍으로 어울러서,

"강릉 출사 갔던 장차 현신 아뢰오."

하는 소리에 감사의 귀가 번쩍 띄어서 내다본다. 풍류 소리가 별안간에 뚝 그치고 급창의 청령 소리가 연하여 높았더라.

"형방 영리 불러라. 강릉 경금 사는 최병도 잡아들여라. 빨리 거행하여라."

영이 뚝 떨어지며 사령들은 일변 긴 대답을 하며 풍우같이 몰려 들어오고, 최병도는 난전 몰려 들어오듯 잡혀 들어오는데, 영문이 발끈 뒤집는다. 죄는 있고 없고 간에 최병도의 간은 콩만하게 졸아지고 감사의 간 잎은 자라 몸뚱이같이 널부러진다. 콩만하게 졸아드는 간은 겁이 나서 그러하거니와, 자라 몸뚱이같이 널부러지는 간은 무슨 곡절인고? 흥이 날 대로 나서 조개 입술 내밀듯이 너울거리고 있다.

감사의 마음은 범이 노루나 사슴이나 잡아 놓은 듯이 한 밥 잘 먹겠다 싶은 생각에 흥이 나고, 최병도의 마음은 우렁이가 황새나 왜가리나 만나서 이제는 저놈에게 찍히겠다 싶은 생각에 겁이 잔뜩 난다.

사령 좋은 형방 영리는 감사의 말을 받아서 내리는데 최병도의 죄목이라.

"여보아라, 최병도, 분부 듣거라. 너는 소위 대민 명색으로 부모에게 불효하고 형제에게 불목하니 천지간에 용납치 못할 죄라, 풍화소관에 법을 알리겠다."

하는 선고이라. 좌우에 늘어선 사령들은 분부 듣거라 소리를 영문이 떠나가도록 지르는데, 여간 당돌한 사람이 아니면 정신을 차릴 수 없는지라. 최병도가 그 말을 듣고 기가 막혀서 땅을 두드리며 대답을 하는데 본래 글 잘하는 사람이라, 말을 냅뜰 때마다 문자이요, 문자마다 새겨서 말을 한다.

(최) "옛말에 하였으되, 아버지가 나를 낳으시고 어머니가 나를 기르셨으니, 은혜를 갚고자 할진대 호천망극이라 하였으니, 부모의 은혜를 갚지 못한 사람은 천지간 죄인이라, 그러한즉 생은 부모의 은혜를 갚지 못하였으니 그런 죄가 어디 있겠습니까? 생의 모친이 초산에 생을 낳고 해산 후더침으로 생의 삼칠일 안에 죽었는데, 생의 부친이 생을 기르느라고 앞뒷 집으로 안고 다니며 젖을 얻어 먹이다가 생의 자라는 것을 못 보고 생의 돌 전에 죽고, 생은 이모의 손에 길렸사온즉, 생이 장성한 후에 생의 손으로 죽 한 모금 밥 한 술을 부모께 봉양치 못하였으니 그런 불효가 천지간에 또 어디 있겠습니까? 다섯 가지 형법에 죄가 불효보다 더 큰 것이 없다 하였으니 생이 부모의 은혜를 갚지 못한 그런 큰 죄를 어찌 면코자 하겠습니까? 또 옛말에 형제가 이미 화합하여야 화락하고 또 맑다 하였는데, 생은 본래 삼대독자로 자매도 없는 사람이라 단독 일신이 혈혈고고하여 평생에 우애라고는 모르고 지냈으니 그런 부제가 또 어디 있겠습니까? 생이 효도 못하여 보고 우애도 못하여 보았으니 불효·부제의 죄목이 생에게 원

통치는 아니 하나 그런 죄는 생이 짐짓 지은 것이 아니요, 하늘이 지어 주신 죄이니 순사또께서 생의 죄를 어떻게 다스리시고 법을 어떻게 알리시려는지 모르거니와 죄가 있는지 없는지 의심나는 것은 오직 가벼웁게 다스린다는 말이 있사오니 순사또께서는 밝은 법으로 다스려 주시기를 바랍니다.”

그렇게 하는 말이 폭포수 떨어지듯 쉴새없이 나오는데 듣고 보는 사람들이,

“최병도가 죄 없는 사람이라.”

“애매히 잡혀 온 사람이라.”

“그 정경이 참 불쌍한 사람이라.”

하며 수군거리는 소리는 사람마다 있는 측은한 마음에서 나오는 말이라. 그러나 그중에 측은한 마음이 조금도 없는 사람은 감사 하나뿐이라. 부끄러운 생각이 있던지 얼굴이 벌개지며 두 볼이 축 처지도록 율기를 잔뜩 뽐고 앉아서 불호령을 하는데, 최병도의 죄목은 새 죄목이라. 무슨 죄가 삽시간에 생겼는고? 최씨는 순리로 말을 하였으나 감사는 그 말을 듣고 관정 발악한다 하면서, 형틀을 들여라, 별형장을 들여라, 겁장 사령을 골라 세라 하는 영이 떨어지며, 물 끓듯 하는 사령들이 이리 몰려가고 저리 몰려가고 갈팡질팡하더니, 일변 형틀을 들여놓으며 일변 산장을 끼었더니, 최병도를 형틀 위에 동그랗게 올려매고 형문을 친다. 형방 영리는 목청을 돋아서 첫 매부터 피를 묻혀 올리라 하는 영을 전하는데 형문 맞는 사람은 고사하고 집장 사령이 죽을 지경이라. 사령은 젖 먹던 힘을 다 들여 치건마는 감사는 헐장한다고 벼락 영이 내린다. 집장 사령의 죽지를 떼어라, 오금을 끊어라 하는 서슬에 집장 사령이 매질을 어떻게 몹시 하였던지 형문 한 치에 최병도가 정신이 있으락 없으락 할 지경인데, 그러한 최병도를 큰칼을 씌워서 옥중에 내려 가두니

그 옥은 사람 하나씩 가두는 별옥이라. 별옥이라 하면 최씨를 대접하여 특별히 편히 있을 곳에 가둔 것이 아니라 부자를 잡아오면 가두는 곳이 따로 있는 터이라.

무슨 까닭으로 별옥을 지었으며 무슨 까닭으로 부자를 잡아오면 따로 가두는고? 대체 그 감사가 백성의 돈 뺏어 먹는 일에는 썩 솜씨 있는 사람이라. 별옥이 몇 간이나 되는 옥인지 부민을 잡아오면 한 간에 사람 하나씩 따로따로 가두고 뒤로 사람을 보내서 으르고 달래고 꾀이고 별 농락을 다하여 돈을 우려 낼 대로 우려 내는 터이라.

최병도가 그런 옥중에 여러 달 동안을 갇혀 있는데 장처가 아물 만하면 잡혀 들어가서 형문 한 치씩 맞고 갇히나, 그러나 최씨는 종시 감사에게 돈 바치고 놓여 나갈 생각이 없고 밤낮으로 장독 나서 앓는 소리와 감사를 미워서 이 가는 소리뿐이라. 옥중에서 그렇게 세월을 보내는데 엄동 설한에 잡혀 갔던 사람이 그 이듬해가 되었더라.

하지 머리에 비가 뚝뚝 떨어지며 시골 농가에서는 눈코 뜰 새 없이 바쁜 터이라. 밀ㆍ보리 타작을 못 다하고 모심기가 시작이 되었는데, 강릉 대관령 밑 경금 동네 앞 논에서 농부가가 높았더라. 보리 곱살미 댓 되밥을 먹은 후에 곁두리로 보리 탁주를 사발로 퍼먹은 농부들이 북통 같은 배를 질질 끌고 기역자로 꾸부리고 서서 왼손에 모춤을 들고 오른손으로 모 포기를 찢어 심으며 뒷걸음을 슬슬 하여 나가는데 힘들고 괴로운 줄은 조금도 모르고 흥이 나서 소리를 한다. 그 소리는 선소리꾼이 당장 지어 하는 소리인데 워낙 입심이 썩 좋은 사람이라, 서슴지 아니하고 소리를 먹이는데 썩 듣기 좋게 잘하는 소리러라.

"서어 마지기 방석밤이 산골 논으로는 제법 크다. 여어허 여어허 어 여라 상사디이야.

한 일자로 늘어서서 입 구자로 심어 가세. 여어허 여어허 어여라 상사디이야.

불볕을 등에 지고 진흙 물에 들어서서 이 농사를 지어서 누구하고 먹자 하노? 여어허 여어허 어여라 상사디이야.

늙은 부모 봉양하고 젊은 아이 배 채우고 어린 자식 길러내서 우리도 늙게 뉘움 보세. 여어허 여어허 어여라 상사디이야.

하나님이 사람 내고 땅님이 먹을 것 내서 우리 생명 보호하니 부모 같은 덕택이라. 여어허 여어허 어여라 상사디이야.

신농씨 교육 받아 논밭 풀어 농사하고 수인씨 법을 받아 화식한 이후에는 사람 생애 넉넉하여 퍼지느니 인종일세. 여어허 여어허 어여라 상사디이야.

쟁반 같은 논배미에 지뼘 한 뼘 물을 싣고 어레 같은 써레발로 목침 같은 흙덩이를 팥고물같이 풀어놓았네. 여어허 여어허 어여라 상사디이야.

흙 한 덩이에 손이 가고 베 한 포기에 공이 드니 이 공덕을 생각하면 쌀 한 톨을 누구를 주며 밥 한 술을 누구를 줄까? 여어허 여어허 어여라 상사디이야.

바특바특 들어서서 촘촘히 잘 심어라, 이 논이 토박하고 논 임자는 가난하여 봄 양식 떨어지고 굶기에 골몰하여 대관령 흔한 풀에 거름조차 못하였다. 여어허 여어허 어여라 상사디이야.

우리 동네 박 첨지, 올해 농사 또 잘 되겠네. 한 섬지기 농사, 사흘갈이 밭농사에 백 짐 풀을 베어 넣고 그것도 부족하여 쇠두엄을 더 펐다네. 여어허 여어허 어여라 상사디이야.

염려되네 염려되네 박 첨지 집 염려되네. 지붕 처마 두둑하고 볏섬이나 쌓였다고 앞뒷동네 소문났네. 관가 영문에 들어가면 없는 죄에 걸려들어 톡톡 털고 거지 되리. 여어허 여어허 어여라 상사디이야.

우리 동네 최 서방님 군기는 하지마는 그른 일은 없더니라. 베 천이나 하는 죄로 영문에 잡혀 가서 형문 맞고 큰칼 쓰고 옥궁에 갇혀 있어 반 년을 못 나오네. 여어허 여어허 어여라 상사디이야.

삼대 독자 최 서방님 조실부모하였으니 불효·부제 죄목 듣기 그 아니 원통한가? 순사또 그 양반이 정씨 성을 가지고 돈 소리에만 귀가 길고, 원망 소리에는 귀먹었네. 여어허 여어허 어여라 상사디이야.

우리 동무 내 말 듣게. 이 농사를 지어서 먹고 입고 남거든 돈 모을 생각 말고 술 먹고 노름하고 놀 대로 놀아 보세. 마구 뺏는 이 세상에 부자 되면 경치느니. 여어허 여어허 어여라 상사디이야."

한참 그렇게 흥이 나서 소리를 하다가 저녁 곁두리 술 한 참을 또 먹는데, 술동이 앞에 삥 돌아앉아서 양대로 막 퍼먹고 모심기를 시작한다. 그 때는 선소리꾼이 자진 가락으로 소리를 먹이는데 얼근한 김에 흥이 한층 더 나서 되고 말고 한 소리를 함부로 주워 대는데, 나중에는 최병도의 노래뿐이라.

"일락 서산 해 떨어진다. 모춤을 들어라. 모 포기를 찢어라. 얼른얼른 쥐애쳐서 저 논 한 뼘 더 심어 보자. 여어허 여어허 어여라 상사디이야.

저기 선 저 아주머니 치마 뒤에 흙 묻었소. 동그마니 치켜 걷고 다부지게 심어 보오. 먹고 사는 생애 일에 넓적다리 남 뵈기로 무엇이 그리 부끄럽소. 여어허 여어허 어여라 상사디이야.

고수머리 저 총각 음침하기는 다시 없네. 낮전부터 보아도 개똥 어머니 뒤만 따른다. 개똥 아버지가 살았던들 날라리뼈 분질러 통솟대를 팼을라. 여어허 여어허 어여라 상사디이야.

최풍헌 집 머슴 녀석 이리 와서 내말 좀 들어라. 물갈이 논에 건갈이 하기, 찬물받이에 못자리 하기, 물방아 찧다가 낮잠 자기, 보릿단 훔

쳐다가 술 사 먹기, 제반 악증은 다 가진 놈이 최풍헌이 잔소리하고, 주인 마누라 죽 자주 쑨다고 무슨 염치에 흥을 보아. 여어허 여어허 어여라 상사디이야.

모춤 나르는 강 생원 얼굴 좀 들어 나를 쳐다보오. 그따위로 행세를 하다가, 체뿔관 쓰고 몽둥이 맞으리. 코 훌쩍이 술장사년 무엇이 탐나서 미쳤소. 밀 한 섬 팔아서 치마 해 주고, 아씨 강샘을 만나서 노랑 수염을 다 뽑히고 동경 강 생원이 되었대. 여어허 여어허 어여라 상사디이야.

이 논 임자 배춘보, 인심 좋기는 다시 없네. 저 먹을 것은 없어도 일꾼 대접은 썩 잘하네. 보리 탁주 곁두리 실컷 먹고 또 남았네. 배춘보야, 들어 보아라. 네가 참 잘 알아챘다. 다 막 먹고 막 써서 부모 세덕 다 없애고 가난뱅이 되었으니 네 신상에는 편하니라. 벳백이나 하던 재물 지금까지 지녔던들 걸렸을라 걸렸을라, 영문 고밀개에 걸렸을라. 강원 감사 정등내 곰배 정짜는 아니지마는 고밀개는 가지고 왔대. 앞으로 끌고 뒤로 끌고, 이리 끌고 저리 끌고, 자나 굵으나 굵으나 자나, 득득 긁어들이는 판에, 너조차 걸려들어 사령에게 고랑맛, 사또 앞에 태장맛, 이 세상에 따가운 맛 볼 대로 다 본 후에 네 재물 있는 대로 툭툭 털어 다 바치고 거지 되어 나왔을라. 여어허 여어허 어여라 상사디이야.

못 볼러라 못 볼러라, 불쌍하여 못 볼러라. 우리 동네 최 서방님, 불쌍하여 못 볼러라. 옥 부비 보낼 때에 내가 갔다 어제 왔다. 옥사장에게 인정 쓰고 겨우 들어가 보았다. 여어허 여어허 이여라 상사디이야. 거적 자리 북덕이는 개국 원년에 간 것인지, 더럽기도 하려니와 밑에서는 썩어나데. 사람 자는 아랫목은 보리알 같은 이 천지요, 똥 누는 윗목에는 꽁지벌레 천지라, 설설 기어다니다가 사람에게로 기어 오네. 여어허 여어허 여어라 상사디이야.

그 속에서 잠자고 그 속에서 밥 먹는 최 서방을 볼진대 눈물 나서 못 보겠데. 우리 눈이 무디지마는 오지랖이 다 젖었다. 여어허 여어허 어여라 상사디야.

누렇게 뜬 얼굴 눈두덩이 수북한데 살이 찐 줄 알았더니 부기가 나서 그러하데. 여어허 여어허 어여라 상사디이야.

빗지 못한 헙수머리 갈기머리가 되어서 눈을 덮고 귀를 덮어, 귀신같이 된 모양 꿈에 볼까 겁나데. 여어허 여어허 어여라 상사디이야.

형문 맞은 앞정갱이 살이 푹푹 썩어나고 하얀 뼈가 드러나서 못 볼러라 못 볼러라. 소름 끼쳐 못 볼러라. 여어허 여어허 어여라 상사디이야.

독하더라 독하더라, 순사또가 독하더라. 아비 쳐죽인 원수라도 그렇게는 못할네. 목을 베면 베었지, 사람을 어디 썩여 죽이나. 여어허 여어허 어여라 상사디이야.

글 잘하는 양반이 말을 하여도 남과 다르데. 최 서방님이 나를 보고 순사또를 욕을 하는데, 나라 망할 놈이라고 이를 북북 갈고 피를 벅벅 토하면서, 우리 나라 백성들이 불쌍하다고 말을 하니, 그 매를 그렇게 맞고 그 고생을 그리하면서 내 몸 생각은 조금도 없고 나라 망할 근심이데. 여어허 여어허 어여라 상사디이야.

못 살러라 못 살러라, 최 서방님 못 살러라, 장독 나서 못 살러라, 먹지 못해 못 살러라, 최 서방님 살거들랑 내 손톱에 장 지져라. 여어허 여어허 어여라 상사디이야.

최 본평 댁 아씨께는 이런 말도 못했다. 남이 들어도 눈물을 내니 그 아씨가 들으면 오죽 대단하시겠나. 여어허 여어허 어여라 상사디이야.

그 서방님이 돌아가면 그 댁 일도 말 못 되네. 아들 없고 딸뿐인데 과부 아씨가 불쌍하다. 여어허 여어허 어여라 상사디이야.

최 서방님이 죽었다고, 통부 오는 그 날로 동네 백성 우리들이 송장 찾으러 여럿이 가서 기구 있게 메고 오세. 여어허 여어허 어여라 상사디이야.

장사를 지낼 때도 우리들이 상여꾼이 되어 소방상 대틀에 기구 있게 메고 가며 상두 소리나 잘해 보세. 여어허 여어허 어여라 상사디이야. 무덤을 지을 때도 우리들이 달굿대 들고 달구질이나 잘해 보세. 여어허 여어허 여여라 상사디이야.

죄 없는 최 서방님, 원주 감영 옥중에서 원통히 죽은 넋두리는 입담 좋고 넉살 좋은 김헐렁이 내가 하마. 여어허 여어허 여여라 상사디이야."

그 농부가 소리가 최병도 집 안방에서 낱낱이 들리는 터이라. 해는 뚝 떨어져서 땅거미가 되고 저녁 연기는 슬슬 몰려서 대관령 산 밑에 한 일자로 비꼈는데 농부가는 뚝 그치고 최병도 집 안방에서 울음소리가 쌍으로 일어난다. 하나는 최병도 부인의 울음소리요, 또 하나는 그 딸 옥순이가 그 어머니를 따라 우는 소리라. 최병도 부인이 목을 놓아 울며 원통한 사정을 말한다.

"이애 옥순아, 저 농부의 노랫소리를 너도 알아들었느냐? 너의 아버지께서 원주 감영 옥중에서 돌아가시게 되었다는구나. 너의 아버지께서 일평생에 그른 일 하시는 것은 내 눈으로 못 보고, 내 귀로는 못 들었다. 무슨 죄가 있다고 강원 감사가 잡아다가 땅땅 때려죽인단 말이냐? 에그, 이를 어찌한단 말이냐? 너의 아버지께서 귀신 모르는 죽음을 하신단 말이냐? 감사도 사람이지 남의 돈을 뺏어 먹으려고 무죄한 사람을 잡아다가, 돈이 나오도록 제반 악형을 모두 하고 옥중에 가두었다가 돈을 아니 준다고 필경 목숨까지 없애 버린단 말이냐? 이애 옥순아 옥순아, 너의 아버지께서 병이 들어 돌아가시더라도 청춘과부 되는 내 평생에 설움이 한량없을 터인데, 생때같이 성한 너의

아버지가 남의 손에 몹시 돌아가시면 내 평생에 한 되는 마음이 어떠
하겠느냐? 옥순아 옥순아, 너의 아버지가 참 돌아가시면 나는 너의
아버지를 따라 죽겠다."

하며 기가 막혀 우는데, 옥순이가 그 말을 듣더니 그 어머니 무릎 위에
올라앉아서 어머니를 얼싸안고 울며,

　　"어머니 어머니, 어머니가 죽으면 나 혼자 어찌 사노? 어머니가 죽으
　　려거든 나 먼저 죽여 주오."

하며 모녀가 마주 붙들고 우는 소리에 그 동네 사람들은 그 울음소리를
듣더니, 최병도가 죽었다는 기별을 듣고 우는 줄 알고, 최병도가 죽었다
고 영절스럽게 하는 말이 한 입 건너 두 입 건너 세 입, 그렇게 온 동네
로 퍼지면서 말이 점점 보태고 점점 와전이 되어, 회오리바람 불듯 뺑
뺑 돌아들고 돌아들어서 한 사람의 귀에 세 번 네 번을 거푸 들리며, 사

람마다 그 말이 진적한 소문인 줄로 여겼더라. 이웃에 사는 늙은 할미 하나이 두어 달 전에 외아들 참척을 보고 제 설움이 썩 많은 사람이라, 최병도 집에 와서 안방 문을 열고 와락 들어오며,

(할미) "에그, 이런 변이 있나? 이 댁 서방님이 돌아가셨다네."

하더니 청승 주머니가 툭 터지며 목을 놓고 우니, 그 때 부인이 울고 앉았다가 그 소리에 깜짝 놀라서 고개를 번쩍 들며,

(부인) "응, 그것이 무슨 말인가? 그 말을 뉘게 들었나? 이 사람, 이 사람, 울지 말고 말 좀 자세히 하게."

하면서 정작 설워할 본평 부인은 정신을 차려 말을 하나, 그 할미는 대답할 경황도 없이 우는지라, 동네 농군의 계집들이 할미 대신 대답을 하는데, 나도 그 말을 들었소, 나도, 나도 하는 소리에 부인이 그 말을 더 물을 경황도 없이 기가 막혀 울기만 한다. 본래 그 동네에서 최병도

가 무죄히 잡혀 간 것은 사람마다 불쌍히 여기는 터이라. 최병도가 인심을 그렇게 얻은 것은 아니나, 강원 감사에게 학정을 받고 사는 백성들의 마음이라, 초록은 한 빛이 되어 감사를 원망하고 최병도의 일을 원통히 여기던 차에 최병도 죽었다는 말을 듣고, 남의 일 같지 아니하여 동네 사람들이 남녀노소 없이 최병도 집에 와서 화톳불을 질러 놓고 밤을 새우면서 공론이 부산하다.

최병도 집은 외무주장하게 된 집이라, 동네 사람들이 제일같이 일을 보는 것이 도리에 옳다 하여 일변으로 송장 찾으러 갈 사람을 정하고, 일변으로 초상 치를 의논하는 중에 박 좌수라 하는 노인이 오더니 그 일 주장하는 사람이 되었더라.

본래 박 좌수는 십 년 전에 좌수를 지내고 일도 아는 사람이라, 최병도 죽었다는 기별이 왔느냐 물으며 그 말 들은 곳을 캐는데, 필경은 풍설인 줄을 알고 일변으로 계집 사람을 안으로 들여보내서, 최 부인에게 헛소문이라는 말을 자세히 하고, 일변으로 원주 감영에 전인하여 알아보라 하니, 헛소문이라는 말을 듣고 어떻게 기쁘던지 눈에는 눈물이 떨어지며 얼굴에는 웃음빛이 띠었더라.

그 때는 밤중이라 감영에로 급주를 띄워 보내더라도 대관령 같은 장산을 사람 하나나 둘이나 보내기는 염려된다 하여 장정 사오 인을 뽑아 보내려 하는데, 최 부인이 그 남편 생전에 얼굴 한 번을 만나 보겠다 하여 교군을 얻어 달라 하거늘, 몸 수고 아끼지 아니하는 농부들이 자원하여 교군꾼으로 나서니 비록 서투른 교군이나 장정 여덟 명이 번갈아 가며 교군을 메고 들장대질을 하는데 주마같이 빠른 교군을 타고 가면서 날개 돋쳐 날아가지 못함을 한탄하는 사람은 그 교군 속에 앉은 최 부인의 모녀이라.

유문 주막에서 서로 마주 보이는 먼 산 밑에 푸른 연기가 나고, 나무

우둑우둑 선 틈으로 사람의 집이 즐비하게 보이는 것은 원주 감영이라. 교군꾼이 교군을 내려놓고 쉬면서 최 부인더러 들어 보라는 말로, 저희끼리 원주 감영을 가리키며 십 리쯤 남았느니, 거진 다 왔느니, 여기 앉아서 땀이나 들여 가지고 한 참에 원주 감영을 가느니 하면서 늘장을 붙이고 앉았는데, 최 부인이 교군 틈으로 원주 감영을 바라보다가 그 남편의 일이 새로이 염려가 되어서 가슴이 두근두근하고 몸이 벌벌 떨리면서 눈물이 떨어지니, 옥순이가 그 어머니 낙루하는 것을 보고 마주 눈물을 흘린다.

치악산 비탈로 향하여 가는 나무꾼 아이들이 지게 목발을 두드리며 노래를 하는데 근심 있는 최 부인의 귀에 유심히 들린다.

"낭(떨어지)이라대 낭이라대, 강원 감영이 낭이라대. 두리 기둥·검은 대문 걸려들면 낭이라대, 애에고 날 살려라. 도둑질을 하더라도 사모 바람에 거드럭거리고, 망나니짓을 하여도 금관자 서슬에 큰기침한다. 애에고 날 살려라.

강원도 두멧골에 살찐 백성을 다 잡아먹어도 피똥도 아니 누고 뱃병도 없다네. 애에고 날 살려라.

아귀 귀신 내려왔네. 아귀 귀신 내려왔네, 원주 감영에 동토가 나서 아귀 귀신 내려왔네. 애에고 날 살려라.

고사떡을 잘 해 놓으면 귀신 동토는 없지마는 먹을 양식을 다 없애고 굶어 죽기가 원통하다. 애에고 날 살려라.

아귀 귀신 환생을 하여 당나귀가 되었네. 강원 감영이 망쾌가 들어서 선화당 마루가 마판이 되었네. 애에고 날 살려라.

귀응을 득득 뜯고, 굽통을 탕탕 치다가 먹을 것만 주며는 코를 확확 내분다. 애에고 날 살려라.

물고 차는 그 행실에 사람도 많이 상했지마는 남의 집 삼대 독자 죽이는 것은 악착한데. 애에고 날 살려라.

명년 삼월 치악산에 나무하러 오지 마세. 강릉 사람이 못 돌아가고 불여귀새가 되면 밤낮 슬피 울 터이라, 불여귀 불여귀 불여귀 구슬픈 그 새 소리를 누가 듣기 좋을손가. 애에고 날 살려라."

그러한 노랫소리가 최 부인의 귀에 들어가며 부인의 오장이 살살 녹는 듯하여 남편을 보고 싶던 마음이 없어지고, 앉은 자리에서 눈 녹듯이 녹아지고 스러져 이 세상을 몰랐으면 좋겠다 싶은 생각뿐이라.

교군꾼들은 저희들끼리 잔소리를 하느라고 나무꾼 아이들이 무슨 노래를 하는지 모르고 있던 터이라. 담뱃대를 탁탁 떨고 교군을 메고, 원주 감영으로 살 가듯 들이모는데, 젖은 담배 한 대 탈 동안이 될락말락하여 원주 감영으로 들어가더라.

최병도는 강릉 바닥에서 재사로 유명하던 사람이라. 갑신년 변란 나던 해에 나이 스물두 살이 되었는데 그 해 봄에 서울로 올라가서 개화당의 유명한 김옥균을 찾아보니, 본래 김옥균은 어떠한 사람을 보든지 옛날 육군 시절에 신릉군이 손 대접 하듯이 너그러운 풍도가 있는 사람이라. 최병도가 김씨를 보고 심복이 되어서 김씨를 대단히 사모하는 모양이 있거늘, 김씨가 또한 최병도를 사랑하고 기이하게 여겨서 천하 형세도 말한 일이 있고, 우리 나라 정치 득실도 말한 일이 많이 있으나 우리 나라를 개혁할 경륜은 최병도에게 말하지 아니하였더라. 갑신년 시월에 변란이 나고 김씨가 일본으로 도망한 후에 최씨가 시골로 내려가서 재물 모으기를 시작하였는데, 그 경영인즉 재물을 모아 가지고 그 부인과 옥순이를 데리고 문명한 나라에 가서 공부를 하여 지식이 넉넉한 후에 우리 나라를 붙들고 백성을 건지려는 경륜이라. 최병도가 동네 사람들에게 재물에는 대단히 굳은 사람이라는 말을 들었으나 최병도의 마음인즉, 한두 사람을 구제하자는 일이 아니요, 팔도 백성들이 도탄에

든 것을 건지려는 경륜이 있었더라.

그러나 최병도가 큰 병통이 있으니 그 병통은 죽어도 고치지 못하는 병통이라. 만만한 사람을 보면 숨도 크게 쉬지 아니하는 지체 좋은 사람이 양반 자세 하는 것을 보든지, 세력 있는 사람이 세력으로 누르려든지 하는 것을 당할 지경이면 몸을 육포를 켠다 하더라도 지고 싶은 마음은 조금도 없는 위인이라.

원주 감영으로 잡혀 갈 때에 장차에게들 무슨 마음으로 돈을 주었던지 감영에 잡혀 간 후에 감사에게 형문을 그리 몹시 맞으면서도 하고 싶은 말을 낱낱이 하고 반 년이나 갇혀 있어도 감사에게 돈 한 푼 줄 마음이 없는지라. 동네 사람이 혹 문옥하러 와서 그 모양을 보고 최병도를 불쌍히 여겨서 권하는 말이, 돈을 아끼지 말고 감사에게 돈을 쓰고 놓여 나갈 도리를 하라 하는 사람도 있으나, 최병도가 종시 듣지 아니한 터이라.

찍으려는 황새나 찍히지 아니하려는 우렁이나 똑같다 하는 말이 정 감사와 최병도에게 절당한 말이라. 감사는 기어이 최씨의 돈을 먹은 후에 내놓으려 들다가 최씨가 돈을 아니 쓰려는 줄을 알고 기가 나서 날뛰는데, 대체 최병도의 마음에는 찬밥 한 술이 아까운 것이 아니라 고양이 버릇 괘씸하다는 말과 같이, 돈이 아까운 것이 아니라 백성을 못살게 구는 놈은 나라에도 적이요, 백성의 원수라, 그런 몹쓸 놈을 칼로 모가지를 썩 도리고 싶은 마음뿐이요 돈 한 푼이라도 먹이고 싶은 마음이 없었더라. 최씨가 마음이 그렇게 들어갈수록 입에서 독한 말만 나오는데, 그 소문이 감사의 귀로 낱낱이 들어가는지라. 감사가 욕먹고 분한 마음과 돈을 못 얻어 먹어서 분한 마음과 두 가지로 분한 생각이 한번에 나더니, 졸라매인 망건 편자가 탁 끊어지며 벼락령이 내리는데 영문이 발끈 뒤집는다.

"대좌기를 차려라. 강릉 최반을 잡아들여라. 불연목을 들어라."
하더니 기를 버럭버럭 쓰며 최병도를 당장에 물고를 시키려 드니, 최병도가 감사를 쳐다보며 소리소리 지른다.

"무죄한 백성을 무슨 까닭으로 잡아왔으며, 형문을 쳐서 반 년이나 가두어 두는 것은 무슨 일이며, 상처가 아물 만하면 잡아들여서 중장하는 것은 웬일이며, 오늘 물고를 시키려는 일은 무슨 죄이오니까? 죄 없는 사람 하나를 죽이며 죄 없는 사람 하나를 형벌하는 것은 만승 천자라도 삼가서 아니 하는 일이요, 또 못하는 일이올시다. 강원도 백성이 순사또의 백성이 아니라 나라 백성올시다. 만일 생이 나라의 죄를 짓고 죽을진대 나라 법에 죽는 것이요, 순사또의 손에 죽는 것은 아니올시다마는, 지금 순사또께서 생을 죽이시는 것은 생이 사형에 죽는 법이요, 법에 죽는 것은 아니오니, 순사또가 무죄한 사람을 죽이시면 나라에 죄를 지으시는 것이올시다. 맙시사 맙시사, 그리를 맙시사. 생의 한 몸이 죽는 것은 조금도 아까울 것이 없으나, 생의 몸 밖에 아까운 것이 많습니다. 순사또께서 어진 정사로 백성을 다스리지 아니 하시고, 옳은 법으로 죄를 다스리지 아니 하시면, 강원도 백성들이 누구를 믿고 살겠습니까? 백성이 살 수가 없이 되면 나라가 부지할 수가 없을 터이오니 널리 생각하시고 깊이 생각하셔서, 이 백성을 위하여 줍시사. 옛말에 하였으되 백성은 나라의 근본이라, 굳어야 나라가 편하다 하니, 그 말을 생각하셔서 이 백성들을 천히 여기지 말으시고, 희생같이 알지 말으시고, 원수같이 대접을 맙시사. 순사또께서 이 백성들을 수족같이 알으시고, 동생같이 여기시고, 어린 자식같이 사랑하시면 이 백성들이 무궁한 행복을 누리고, 이 나라가 태산과 반석같이 편안할 터이오나, 만일 그렇지 아니하여 백성이 도탄에 들을 지경이면 천하의 백성 잘 다스리는 문명한 나라에서 인종을 구한다는 옳은 소리를 창시하여 그 나라를 뺏는 법이니, 지금 세계에 백성 잘못 다스리던 나라는 망하지 아니한 나라가 없습니다. 애급이라는 나라도 망하였고, 파란이라는 나라도 망하였고, 인도라는 나라도 망하였으니, 우리 나라도 백성에게 포악한 정사를 행할 지경이면 나라가 망하는 것은 순사또는 못 보시더라도 순사또 자제는 볼 터이올시다."

그렇게 하는 말이 폭포수 떨어지듯 쉬지 않고 나오는데, 감사는 최병도 죽일 마음만 골똘하여 무슨 말이든지 트집잡을 말만 나오기를 기다리던 판에, 나라가 망한다는 말을 듣고 낚시에 고기가 물린 듯이 재미가 나서 날뛰는데, 다시는 최병도의 입에서 말 한 마디 못 나오게 하며 물고령이 내린다.

"응? 나라가 망한다니! 그놈의 아가리를 짓찧고 당장 물고를 내어라!"

하는 영이 뚝 떨어지며, 좌우 옆에서 사령들이 벌떼같이 달려들며 주장대로 최병도의 입을 콱콱 짓찧으니, 바싹 마른 두 볼에서 웬 피가 그리 많이 나던지 입에서 선지피가 쏟아지며 이는 부러지고 잇몸은 깨어지고 아래턱은 어그러지면서 최병도가 다시는 아무 소리도 못하고, 매가 떨어지는 대로 고개만 끄덕거린다.

그 때 마침 최 부인이 원주 감영으로 들어가는데 교군꾼은 뙤약볕에 비지땀을 뚝뚝 떨어뜨리면서, 유문 주막집에서 먹은 막걸리가 원주 감영에 들어올 무렵에 얼근하게 취하여 오는데, 그 무거운 교군을 메고 무슨 흥이 그렇게 나던지 엉덩춤을 으슬으슬 추며 오그랑 벙거지 밑으로 고갯짓을 슬슬 하며, 앞의 교군꾼은 엮음 시조 하듯이 잔소리가 연하여 나온다.

"채암돌이 촘촘하다. 건너서라 개천이다. 조심하여라, 외나무 다리다,

발 잘 맞추어라 교군 잘 모셔라."

그렇게 지껄이며 유문 주막에서 단참에 원주 읍내로 들어가는데, 원주 감영에 무슨 일이 있는지 없는지 모르고 쏜살같이 들어가며, 사처는 진람문 밖 주막집으로 정할 작정이라. 진람문 밖에 다다르니 사람이 어찌 많이 모였던지 헤치고 들어갈 수가 없는지라. 교군꾼이 교군을 메고 서서 좀 비켜 달라 하나, 모여 선 사람들이 비켜서기는 고사하고 사람끼리 기름을 짜고 서서, 뒤에 선 사람은 앞에 선 사람을 밀고, 앞에 선 사람은 더 나갈 수가 없으니 밀지 말라 하며 와글와글하는 중이라. 대체 무슨 좋은 구경이 있어서 그렇게 모였는지 뒤에 선 사람들은 송곳눈을 가졌더라도 뚫고 볼 수가 없는 구경을 하고 섰는데, 그 구경인즉 진람문 앞에서 죄인 때려죽이는 구경이라. 그 날은 원주 읍내 장날인데 장꾼들이 장은 아니 보고 송장 구경을 하러 왔던지 진람문 밖에 새로 장이 섰다. 교군꾼이 길가에 교군을 내려놓고 구경꾼더러 무슨 구경을 하느냐 묻다가 깜짝 놀라서 교군 앞으로 와락 달려들며,

"본평 아씨, 진람문 밑에서 본평 서방님을 때려죽인답니다."

하는 소리에 부인이 기가 막혀서 교군 속에서 목을 놓아 우는데, 큰길 가인지 인해 중인지 모르고 자기 안방에서 울 듯 운다. 섧고 원통하고 악이 나는 판이라, 감사는 고사하고 하늘에서 뚝 떨어져 내려온 사람일지라도 겁나는 마음이 조금도 없이 원망과 악담을 하며 운다.

진람문 근처의 사람은 최병도 매 맞는 경상을 구경하고, 최 부인의 교군 근처에 섰는 사람은 최 부인 울음소리를 듣고 섰다. 최병도 매 맞는 구경하는 사람들은 끔찍끔찍한 마음에 소름이 쭉쭉 끼치고, 최 부인의 울음소리 듣는 사람들은 남의 일에 콧날이 시큰시큰하며 눈물이 슬슬 돈다. 남의 일에 눈물 잘 나는 사람이 따로 있다 하지마는, 최 부인이 울며 하는 소리 듣는 사람은 목석 같은 오장을 타고 났더라도 그 소

리에 오장이 다 녹을 듯하겠더라. 최 부인의 우는 소리는 모기 소리같이 가늘더니, 설운 사정 하는 소리는 청청하게 구름 속으로 뚫고 올라가는 것 같다.

"맙시사 맙시사, 그리를 맙시사. 감사도 사람이지, 남의 돈을 뺏어 먹으려고 무죄한 사람을 잡아다가 갖은 악형을 다 하더니 돈을 아니 준다고 사람을 어찌 죽인단 말이냐? 지금 나까지 잡아다가 진람문 밑에서 때려죽여 다고. 아비 쳐죽인 원수라더냐? 어미 쳐죽인 원수라더냐? 저렇게 죽일 죄가 무엇이란 말이냐? 애고애고. 애고, 이 몹쓸 도적놈아, 내 재물 있는 대로 가져가고 우리 남편만 살려 다고. 네가 남의 재물을 그렇게 잘 뺏어 먹고 천 년이나 만 년이나 살 듯이 극성을 부리지마는 너도 초로 같은 인생이라. 꿈결 같은 이 세상을 다 지내고 죽는 날은 몹쓸 귀신 되어 지옥으로 들어가서, 저 죄를 다 받느라면 만겁 천겁을 지내더라도 네 죄는 남을 것이요, 네 고생은 못 다할 것이니, 우리 내외는 원귀 되어 지옥 맡은 옥사장이나 되겠다. 애고애고, 이 설운 사정을 누구더러 하며 이 원정을 어디 가서 하나? 형조에 가서 정하더라도 쓸데없는 세상이요, 격증을 하더라도 나만 속는 세상이라 이 원수를 어찌하면 갚는단 말이냐? 옥순아 옥순아, 나와 같이 죽어서 하느님께 원정이나 가자. 사람을 이렇게 지원절통하게 죽이는 세상에 너는 살아 무엇하겠느냐? 가자 가자, 하느님께 원정을 가자. 우리 나라 백성들은 다 죽게 된 세상인가 보다. 하루바뻬, 한시바뻬 한시바뻬 어서 가서 하느님께 이런 원정이나 하여 보자. 애고 설운지고, 사람이 저 살 날을 다 살고 병들어 죽더라도 처자 된 마음에는 섧다 하거든, 생목숨이 남의 손에 맞아 죽느라고 아프고 쓰린 경상을 당하는 사람의 마음은 어떠할꼬? 하나님 하나님, 굽어보고 살펴봅시사."

하며 우는데, 읍내 바닥의 중늙은이 여편네가 교군 앞뒤로 늘어서서 그 일을 제가 당한 듯이 눈물을 흘리며 감사가 몹쓸 양반이란 말을 하고 섰는데, 별안간 사람들이 우우 몰려 헤지며 영문 군로 사령이 들끓어 나와서 강릉 경금서 온 교군꾼들을 찾더니, 당장에 교군을 메고 원주 지경을 넘어가라 하며 교군꾼들을 후려 때리며 재촉하거늘, 교군꾼들이 겁이 나서 교군을 메고 유문 주막을 향하고 달아나는데 북문 밖 너른 들로 최 부인의 모녀 울음소리가 유문 주막을 향하고 나간다.

탐장하는 감사의 옆에는 웬 조방꾼과 염문꾼의 속살거리는 놈이 그리 많던지 청 한 가지 못 얻어 하여 먹는 위인들일지라도 아무쪼록 긴한 체하느라고 못된 소문은 곧잘 들어 갖다가 까바치는 관속과 아객이 허다한 터이라. 최 부인이 울며 감사에게 악담과 욕하던 소문이 감사의 귀에 들어갔는데, 만일 남자가 그런 짓을 하였을 지경이면 무슨 큰 거조가 또 있었을는지 모를 터이나 대민의 부녀이라 어찌할 도리가 없는 고로 축출 경외하라는 영이 나서 최 부인의 교군이 쫓겨 나갔더라.

그 때 날은 한나절이 될락말락하고 최병도의 명은 떨어질락말락한데 호방 비장이 무슨 착한 마음이 들었던지 감사의 앞으로 썩 들어서더니, 최병도의 공송을 한다.

(호방) "최병도를 죽일 터이면 중영으로 넘겨서 죽이는 일이 옳지, 감 영에서 죽일 일이 아니올시다. 또 최병도가 죽은 후에 누가 듣든지, 아무 죄 없는 사람이 죽었다 할 터이니 사또께서 일시의 분을 참으셔 서 물고령을 거두시면 좋겠습니다."

(감사) "그래, 그놈을 살려 보내자는 말인가?"

(호) "지금 백방을 하더라도 살 수 없는 터이니, 최가가 숨 떨어지기 전에 빨리 놓아 보내시면, 사또께서는 무죄한 백성을 죽이셨다는 말 도 아니 들으실 터이요, 최가는 말이 놓여 나간다 하나 미구에 숨이

떨어질 모양이라 합니다. 지금 최병도의 처가 어린 딸을 데리고 큰길가에서 그런 효상을 부리다가 쫓겨 나가고, 최병도는 오늘 영문에서 장폐하면 제일 소문이 좋지 못할 터이니, 물고령을 거두시는 것이 좋을 일이올시다."

감사가 그 말을 듣더니 호방의 얼굴을 물끄러미 쳐다보다가 무슨 생각을 하는 모양이라. 호방의 얼굴은 왜 쳐다보며 생각은 무슨 생각을 하는지, 감사가 말은 아니 하나 구렁이 다 된 호방이 최가의 돈을 먹고 청을 하나 의심이 나서 보는 것이요, 무슨 생각하는 것은 호방이 돈을 먹었든지 아니 먹었든지, 방장 숨이 넘어가게 된 최병도를 죽여도 아무 유익은 없는 터이라, 어찌하면 좋을까 하는 그런 생각이라. 호방이 무슨 말을 다시 하려는데 감사가 기침 한 번을 하더니, 최병도 물고령을 거두고 밖으로 내놓으라 하는 영이 내리더라. 치악산 높은 봉을 안고 넘어가는 저녁볕에 울고 가는 까마귀 한 마리가 휘휘 돌아 내려오더니 원주 유문 주막집 앞에 휘어진 버들가지에 앉으며 꽁지는 서천에 걸린 석양을 가리키고 너울너울 흔들며 주둥이는 동으로 향하여 운다.

"까막 까막 깍깍, 까옥 까옥 깍깍."

가지각색으로 지저귀는데 그 버들 그림자는 어떤 주막집 사처방 서창에 드렸고, 그 까마귀 소리는 그 방에 하룻밤 숙소참으로 든 최 부인 귀에 유심히 들린다. 귀가 쏘는 듯, 뼈가 죄는 듯, 오장이 녹는 듯하여 눈물이 비오듯 하나 주막집에서 울음소리 냅뜰 수는 없는지라. 다만 흑흑 느끼기만 하며 철없는 옥순이를 데리고 설운 한탄을 한다.

"옥순아 옥순아, 까마귀는 군자 같은 새라더니 옛말이 옳은 말이로구나. 너의 아버지께서 산도 설고 물도 설고 이전에 아는 사람 하나 없는 원주 감영에 와서 원통히도 돌아가시는데 어느 때 운명을 하셨는지? 통부 전하여 줄 사람 하나 없지마는, 영물의 까마귀가 너의 아버지 통부를 전하여 주느라고 저렇게 짖는구나. 우리는 영문 사령에게 축출 경외를 당하고 여기까지 쫓겨 오느라고 정신없이 왔으나 사람이나 좀 보내 보자."

하더니 정신없는 중에 정신을 차려 배행 하인으로 데리고 온 천쇠를 불러서 원주 감영에 새로이 전인을 한다.

천쇠가 이태·삼 년 머슴 들었던 더부살이라 주인에게 무슨 정성이 그렇게 대단할 것은 없으나 주인의 사정을 어찌 불쌍히 여겼던지, 면 길에 삐쳐 와서 되짚어 유문 주막 십 리를 나온 사람이 곤한 것을 잊어버리고 달음박질을 하여 원주 감영으로 향하고 들어가며 노래를 하는데 무식한 농군의 입에서 유식한 소리가 나온다.

"치악산 상상봉에 넘어가는 저 햇빛, 너 갈 길도 바쁘지마는 본평 아씨 사정을 보아서 한참 동안만 가지 말고 그 산에 걸렸거라. 본평 서방님 소식 알러 김천쇠가 급주를 간다. 오늘밤 내로 못 다녀오면 본평 아씨가 잠 못 자고 옥순 아기를 데리고 울음으로만 밤을 새운다. 우산낙조 제경공도 햇빛을 멈추고 삼사를 갔다."

하며 몸에서 바람이 나도록 달아나는데 너른 들 풀밭 속에 석양은 묘묘하고 노래는 청청하다. 웬 교군 한 채가 동으로 향하여 폭풍우같이 몰려오는데, 교군은 몇 푼짜리 못 되는 세보교이나 기구는 썩 대단한 모양이라. 오그랑 벙거지 쓴 교군꾼 십여 명이 들장대를 들고 두 발자국, 세 발자국 만에 들장대질을 한 번씩 하며, 주마같이 달려오는 교군을 보고 천쇠가 길가로 비켜서며 앞장 든 교군 속을 기웃기웃 건너다보다가, 천쇠가 소리를 버럭 질러서 본평 서방님을 불렀더라.

그 교군은 최병도의 교군이라. 최병도가 그 날 백방이 되어 주막집으로 나왔는데 전신이 핏덩어리라 누가 보든지 살지는 못하겠다 하고, 최씨의 마음에도 살아날 수는 없으나, 그러나 정신은 말갛게 성한지라. 목숨이 혹 이삼일만 부지하여 있을 지경이면 집에 가서 처자나 만나 보고 죽겠다 하고, 교군 삯은 달라는 대로 주마 하고 원주 읍내서 교군 잘하는 놈으로 뽑아 세우니, 세상에 돈이 참 장사요, 돈이 제갈량이라. 삼백 삼십 리를 온 이틀이 다 못 되어 들어가겠다 장담하고 나서는 교군꾼이 십여 명이라. 해질 때에 떠났으나, 가다가 횃불을 잡히더라도 삼사십 리는 갈 작정이라. 천쇠가 무슨 소리를 지르는지 아니 지르는지, 교군꾼들은 들은 체도 아니 하고 달아난다. 천쇠가 교군 뒤로 따라오며 소리소리 질러서 교군을 멈추라 하니, 최씨가 그 소리를 알아듣고 교군을 멈추고 천쇠를 불러 말을 묻다가 그 부인과 딸이 유문 주막에 있다는 말을 듣고 대장부 눈에서 눈물이 떨어지며 피 묻은 옷깃이 다시 눈물에 젖었더라.

유문 주막은 최씨의 내외 상봉하고, 부녀 상봉하는 곳이라. 슬프던 끝에 기쁜 마음 나고, 기쁘던 끝에 다시 슬픈 마음이 나는데, 누가 더하고 누가 덜하다 할 수 없는 터이나, 최병도는 기운이 탈진하여 통성도 없이 누워 있고, 옥순이는 어린아이라 울다가 그 어머니 무릎에 기대고 잠이 들었는데, 부인은 잠 못 이루어 등잔을 돋우고 그 남편 앞에 앉아서 밤을 새운다. 하지 머리 짧은 밤도 근심으로 밤을 새우려면 그 밤이 별로히 긴 것 같은 법이라. 그 남편이 운명을 하는가 의심이 나서 불러 보고 불러 보다가, 그 남편이 대답을 한번 하려면 힘이 드는 모양같이 보이는 고로 불러 보지도 못하고 앉아서 속만 탄다. 이 몸이 의원이나 되었더면 맥이나 짚어 보고, 이 몸이 불사약이나 되었으면 남편의 목숨이나 살려 보고 싶고, 이 몸이 저승에 갈 수가 있으면 내가 대신 죽고 남편은 살려 달라고 축원을 하여 보고 싶고, 이 몸이 구름이나 되었으면 남편을 곱게 싸 가지고 밤 내로 우리 집에 가서 안방 아랫목에 뉘어 놓고 피 묻고 땀 배인 저 옷도 갈아입히고 병구원이나 마음대로 하여

보련마는, 그 재주 다 없고, 주막집 단간 사처방에서 꼼짝을 못하고, 물 한 그릇을 떠 오라 하더라도 어린 옥순이를 심부름시키는 터이라. 남편이 숨이 넘어가는 지경에 무엇을 가릴 것이 있으리요마는, 팔도 모산지배가 다 모여 자는 주막이라, 사람을 겁내고 사람을 부끄러워하며 삼십 년을 규중에서 자라난 여자의 몸이라 아무렇든지 요 방구석에 들어앉아서 저 지경 된 남편의 병도 구원하기 어려운 터이라, 날이나 밝으면 그 남편을 교군에 싣고 강릉으로 갈 마음뿐이라. 먼동 트기를 기다리느라고 문을 열고 동편 하늘을 바라보니 샛별은 소식도 없고, 머리 위 처마 밑에서 홰를 탁탁 치고 꼬끼요 우는 것은 첫닭 우는 소리라.

산도 자고 물도 자고 바람도 자고 사람도 자는 밤중이라 적적 요요한 이 밤중에 설움 없고 눈물 없이 우는 것은 꼬끼요 소리 하는 저 닭이요, 오장이 녹는 듯 눈물이 비오듯하며 소리없이 우는 것은 최 부인이라. 그 밤을 그렇게 새다가 새벽녘에 다 죽어가는 남편을 교군에 싣고 길을 떠나가는데, 그 날부터는 교군 삯 외에 중상을 주마 하고 밤낮없이 몰아 가는 터이라. 옛말에 향기 나는 미끼 아래 반드시 죽는 고기가 있고, 중상 아래 반드시 날랜 사람이 있다 하더니, 과연 그 말과 같이 장장하일 하루 해에 일백육십 리를 가서 자고, 그 이튿날 저녁때에 대관령을 넘어간다.

해는 서산에 기울어졌는데, 대관령 고개 마루턱 서낭당 밑에 교군 두 채를 나란히 놓고 쉬면서 교군꾼들이 갈모봉을 가리키며, 저 산 밑이 경금 동네이라, 빨리 가면 횃불 아니 잡히고 일찍 들어가겠다 하니, 그 소리가 최 부인의 귀에 반갑게 들리련마는 반가운 마음은 조금도 없고 새로이 기막히고 끔찍한 마음이 생긴다. 최병도가 종일을 정신없이 교군에 실려 오더니, 저녁때 새로이 정신이 나서 그 부인과 옥순이를 불러서 몇 마디 유언을 하고 대관령 고개 위에서 숨이 떨어지는데, 소쇄·황량한 서낭당 밑에서 부인과 옥순의 울음소리가 처량하고, 깊은 산 푸른 수풀 속에서는 불여귀 우는 소리가 슬펐더라. 최병도의 산지는 지관이 잡아 준 것이 아니라 최병도가 운명할 때에 손을 들어, 대관령에서 보이는 제일 높은 봉을 가리키며, 저기 저 꼭대기에 묻어 달라 한 묏자리라.

무슨 까닭으로 그 꼭대기에 묻어 달라 하였는고? 죽은 후에 높은 봉에 묻혀 있어서 이 세상이 어떻게 되는 것을 좀 내려다보겠다 한 유언이 있었더라.

그 유언에 소문 내기 어려운 말이 몇 마디가 있으나 최 부인이 섧고 기막힌 중에 함부로 말을 하였더라.

죽은 지 칠 일 만에 장사를 지내는데, 인근 동 사람들까지 남의 일 같지 아니하고 사람마다 제가 당한 일 같다 하여 회장 아니 오는 친구가 없고 부역 아니 오는 백성이 없으니 토끼 죽은 데 여우가 슬퍼했다는 말과 같은 것이라. 상여꾼들이 연포국과 막걸리를 실컷 먹고 술김에 흥이 나는 것이 아니라 처량한 마음이 나서 상여를 메고 가며 상두 소리가 높았더라.

워어허 워어허
이 길이 무슨 길고 북망 가는 길이로다
워어허 워어허
이 죽음이 무슨 주검인고 학정 밑에 생주검일세
워어허 워어허
생때 같은 젊은 목숨, 불연못에 맞아죽었네
워어허 워어허
이 양반이 죽을 때에 눈을 감고 죽었을까

워어허 워어허

처자의 손목 쥐고 유언할 제 어떨손가

워어허 워어허

고향을 바라보고 낙루가 마지막일네

워어허 워어허

한을 품고 죽은 사람 썩지도 못한다데

워어허 워어허

대관령에서 운명할 때 불여귀가 슬피 울데

워어허 워어허

가이인이 불여조아 우리도 일곡하세

워어허 워어허

애고 불쌍하다 죽은 사람 불쌍하다

워어허 워어허

공산야월 거친 무덤 그대 얼굴 못 보겠네

워어허 워어허

단장천이한천에 그대 집은 공규로다

워어허 워어허

함원귀천 그대 일을 누가 아니 슬퍼할까

워어허 워어허.

하며 나가는 것은 새벽 발인데 메고 나서는 상여꾼의 소리라. 그 소리를 들으면서 들은 체도 않고 저 갈 데로 가는 것은 최병도라. 명정은 앞에 서고 상여는 뒤에 서서 대관령을 향하고 올라가는데, 상여 소리는 끊어지고 발등거리(임시로 만든 등 바구니) 불빛만 먼산에서 반짝거린다.

 깊은 산 높은 봉에 사람의 자취 없는 곳으로 속절없이 가는 것도 그 처자된 사람은 무정하다 할는지, 야속하다 할는지, 섧고 기막힌 생각뿐일 터인데, 그 산중에 들어가서 더 깊이 들어가는 곳은 땅 속이라. 최병도 신체가 땅 속으로 쑥 들어가며 달고 소리가 나는데,

"어어여라 달고

처자 권속 다 버리고 혼자 가는 저 신세 이제 가면 언제 오리 한정없는 길이로다 어어여라 달고

북망산이 멀다더니 지척에도 북망산이로구나 황천이 멀다더니 뗏장 밑이 황천이로구나 어어여라 달고

인간 만사 묻지 마라 초목만도 못하구나 춘초는 연연 녹이요, 왕손은 귀불귀라 어어여라 달고

인생이 이러한데 천명을 못 다 살고 악형 받아 횡사하니 그대 신명 가긍토다 어어여라 달고

살일불고 아니 하고 형일불고 아니 할 때 그 시대의 백성들은 희호세계 그 아닌가 어어여라 달고

희생 같은 우리 동포 살아도 고생이나 그대같이 죽는 것은 원통하기 특별나네 어어여라 달고

관 위에 횡대 덮고 횡대 위에 회판일세 풍채 좋은 그대 얼굴 다시 얻어 못 보겠네 어어여라 달고

보고지고 보고지고 그대 얼굴 보고지고 공산 낙월의 달빛을 보고 고인 안색으로 비겨 볼까 어어여라 달고

철천한 한을 품고 유언이 남았거든 죽지사 전하듯이 꿈에나 전해 주게 어어여라 달고."

그 달고질 소리가 마치매 둥그런 뫼가 이루어졌더라. 그 뫼는 산봉우리 위에 섰는데 형상은 전기선 위에 새가 올라앉은 것같이 되었더라. 뫼쓸 때에 최씨의 유언을 들어서 관 머리는 한양을 향하고 발은 고향으로

뻗었으니 그 뜻인즉, 한양은 우리 나라 오백 년 국도이라 나라를 근심하여 일하장안을 바라보려는 마음이요, 고향은 조상의 분묘도 있고, 불쌍한 처자도 있고, 나라를 같이 근심하던 지기하는 친구도 있는 터이라. 사정은 처자에게 간절하나 나라를 붙들기 바라는 마음은 그 친구에게 있으니, 그 친구는 김정수이라. 최병도가 죽은 영혼이 발을 저겨 디디고 김씨가 나라 붙들기를 기다리고 바라보려는 마음으로 나온 일이러라. 그러나 사람은 죽으면 그만이라, 최병도는 인간을 하직하고 한량없이 먼길을 가고, 본평 부인은 청산백수에 울음소리로 세월을 보내더라.

최 부인이 그 남편 죽던 날에 따라 죽을 듯하고, 그 남편 장사 지내던 때에 땅 속으로 따라 들어갈 듯한 마음이 있으나, 참고 있는 것은 두 가지 거리끼는 일이 있어서 못 죽는 터이라.

한 가지는 여덟 살 된 딸자식을 버리고 죽을 수가 없고, 또 한 가지는 아홉 달 된 복중 아이라. 혹 아들이나 낳으면 최씨가 절사나 아니 할까, 바라는 마음으로 살아 있는지라.

그러나 부인은 밤낮으로 설운 생각뿐이라. 산을 보아도 설운 생각이 나고, 물을 보아도 설운 생각이 나고, 밥을 먹어도 눈물을 씻고 먹고, 잠을 자도 눈물을 흘리고 자는 터이라. 간은 녹는 듯, 염통은 서는 듯, 창자는 끊어지는 듯, 가슴은 칼로 에는 듯한데 근심을 말자말자 하고, 슬픔을 참자참자 하면서도 솟아나는 마음을 임의로 못하고, 새로이 근심 한 가지가 더 생긴다. 무슨 근심인고? 내 속이 이렇게 썩을 때에 뱃속에 있는 어린것이 다 녹아 없어지려니 싶은 근심이라. 그러나 그 근심은 모르고 뱃속에서 무럭무럭 자라나는 어린아이는 열 달 만에 인간에 나오면서,

"응아 응아."
우는데, 최 부인이 오래 지친 끝에 해산을 하고 기운 없고 정신없는 중

에도 아들인지 딸인지 어서 바삐 알고자 하여 해산 구원하는 사람더러,

"여보게, 아들인가 딸인가?"

묻는다. 그 때 해산 구원하는 사람은 누구런지, 본평 부인이 묻는 것을 불긴히 여기는 말로,

"그것은 물어 무엇하셔요? 순산하셨으니 다행하지요."

하는 소리가 본평 부인의 귀에 쑥 들어가며 부인이 깜짝 놀라서 낙심이 된다. 딸이 아니면 병신 자식이라, 의심이 나고 겁이 나더니 바라던 마음은 어디로 가고 설운 생각이 일어나며, 베개에 눈물이 젖는다.

부인이 본래 약질로 그 남편이 감영에 잡혀 가던 날부터 죽던 날까지, 죽던 날부터 부인이 해산하던 날까지, 말을 하니 살아 있는 사람이요, 밥을 먹으니 살아 있는 사람이지 실상은 형해만 걸린 것이, 불면 날아갈 듯 쥐면 꺼질 듯하게 된 중에 해산 구원하는 사람의 말을 듣고 놀라더니, 산후 제반 악증이 생긴다. 펄펄 끓는 첫 국밥을 부인 앞에 놓고,

"아씨 아씨, 국밥 좀 잡수시오."

권하는 것은 천쇠의 계집이라. 부인이 감았던 눈을 떠서 물끄러미 보다가 눈물이 돌며,

"먹고 싶지 아니하니, 이따가 먹겠네."

하더니 다시 눈을 스르르 감고 돌아눕는데 얼굴에 핏기가 없고 찬 기운이 돈다. 눈에는 헛것이 보이고, 입에는 군소리가 나오더니, 평생에 얌전하기로 유명하던 본평 부인이 실진이 되어서 제명오리같이 되었더라.

그 소생이란 아이는 옥동자 같은 아들이라. 그러한 아이를 무슨 까닭으로 해산 구원하던 사람이 부인의 귀에 말을 그렇게 놀랍게 하여 드렸던고? 해산 구원하던 사람은 부인을 놀래려고 그러한 것이 아니라, 어디서 그런 구기를 얻어 배웠던지, 아들 낳은 것을 감추고 딸이라 소문을 내면 그 아이가 명이 길다 하는 말이 있어서 아들이라는 말을 아니

하려고 그리한 것인데, 위하여 주려는 마음에서 병을 주는 말이 나온 것이라. 병이 들기는 쉬우나 낫기는 어려운 것이라. 당귀·천궁·숙지황·백작약·원지·백복신·석창포 등속으로 청심보혈만 하더라도 심경열도는 점점 성하고 병은 골수에 든다.

옥동자 같은 유복자는 그 어머니 젖꼭지를 물어도 못 보고 유모에게 길리는데, 혼돈 세계로 지내는 핏덩어리 아이는 아무것도 모르고 젖만 먹으면 잠들고 잠 깨면 젖 먹고 무럭무럭 자라지마는 불쌍한 것은 철 알고 꾀 아는 옥순이라. 그 어머니 미친증이 날 때마다,

"어머니 어머니, 어머니 어머니가 이것이 웬일이오? 어머니, 날 좀
  보오, 내가 옥순이오."

하며 울다가 어린 마음에 무서운 생각이 들어서 복녀를 부를 때가 종종 있다. 부인은 옥순이를 보아도 정 감사라고 식칼을 들고 원수 갚는다 하며 쫓아다니는 때가 있는 고로, 밤낮없이 안방에 상직으로 있는 사람들이 잠시도 부인의 옆을 떠날 수가 없는 터이라.

유복자의 이름은 누가 지어 주었던지 옥 같은 남자라고 옥남이라 지었더라.

애비가 원통히 죽었든지 어미가 몹쓸 병이 들었든지, 가고 가는 세월에 자라는 것은 어린아이라. 옥남이가 일곱 살이 되도록 그 어미 얼굴을 모르고 자랐더라. 그 어미가 죽고 없어서 못 보았는가? 그 어미가 두 눈이 둥그렇게 살아 있는 터에 만나 보지 못한다.

차라리 어미 없이 자라는 아이 같으면 어미까지 잊어버리고 모를 터이나 옥남의 귀에 옥남 어머니는 살아 있다 하는데 옥남이가 그 어머니를 못 보았더라. 그것은 무슨 곡절인고? 본래 본평 부인이 실진이 되었을 때에 옥남의 집의 일동일절을 다 보아 주던 사람은 김정수이라. 옥남의 유모는 또한 그 동네 백성의 계집이나, 본평 부인의 병이 얼른 낫

지 아니하는 고로 김씨의 말이, 옥남이가 그 어머니 있는 줄을 모르고 자라는 것이 좋다 하고, 옥남의 유모에게 먹고 살 것을 넉넉히 주어서 멀리 이사를 시켜 주었더라.

김씨는 이전에 최병도가 감영에 잡혀 갈 때에 영문 장차들을 죽이느니 살리느니 하며 야단치던 사람이라. 그 때 잠시간 몸을 피하였다가 최병도 죽었다는 말을 듣고 김씨가 악이 나서 영문에 잡혀 갈 작정하고 경금 동네로 돌아와서 최씨의 초상 치르는 것까지 보고 있으나, 본래 피천 대푼 없는 난봉이라. 가령 영문에서 잡으러 오더라도 장차가 삼백 여 리나 온 수고값도 못 얻어 먹을 터이요, 돈이 있어도 줄 위인도 아니라. 또 김씨가 영문 장차에게 야단치던 일은 벌써 묵장된 일이라. 그런 고로 영문에서 잡으러 나오는 일도 없고, 제 집에 있었더라.

제 자식보다 남의 자식을 더 귀애하고 소중히 여긴다는 말은 거짓말 같으나, 김씨는 자기 아들보다 옥남이를 더 귀애하고 더 소중히 여기는 터이라. 옛날 정영이가 조무를 구하려고 그 아들을 버리더니, 김씨가 옥남이를 보호하려는 마음이 정영이가 조무를 위하는 마음만 못지 아니한 지라. 옥남이 있는 곳은 경금서 삼십 리라. 김씨가 옥남이를 보러 삼십 리를 문턱 드나들 듯 왕래하는데, 옥남이가 김씨를 보면 저의 아버지를 본 듯이 반가워서 쫓아 나오며,

"아저씨, 아저씨!"
하고 따른다.

옥남이가 핏줄도 아니 켕기는 터에 그렇게 따르는 것은 김씨에게 귀염받는 곡절이요, 김씨가 옥남이를 그렇게 귀애하는 것은 최병도의 정분을 생각하여 그럴 뿐 아니라, 옥남의 영민한 것을 볼수록 귀애하는 마음이 깊어 간다.

율곡은 어렸을 때부터 이치를 통한 군자라는 말이 있었고, 매월당은

어렸을 때부터 문장이라는 말이 있었으니, 옥남이를 그러한 명현에는 비할 수 없으나 옥남이를 보는 사람의 말은,

"일곱 살에 요렇게 영민한 아이는 고금에 다시 없지."

하면서 칭찬을 한다.

"아저씨, 나는 아저씨 보러 왔소."

하며 김씨 집 마당으로 달음박질하여 들어오는 것은 옥남이라.

"응, 거 누구냐, 네가 어찌 여기를 왔느냐?"

하며 문을 열고 내다보는 것은 김씨라.

옥남이는 앞에 서고 유모는 뒤에 서서 들어오는데, 김씨가 반가운 마음은 없던지 눈살을 찌푸리고 무슨 생각을 하는 모양이라.

(유모) "애기가 어머니 보러 온다고 어찌 몹시 조르던지 견디다 못하여 데리고 왔습니다."

김씨가 아무 대답 없이 옥남이를 물끄러미 보다가, 고개를 푹 숙인다.

(옥남) "아저씨, 내가 삼십 리를 걸어왔소. 내가 장사지?"

(김정수) "어린아이가 그렇게 먼 데를 어찌 걸어왔단 말이냐? 날더러 그런 말을 하였으면 교군을 보냈지."

(옥남) "어머니를 보러 오느라고, 마음이 어찌 좋던지, 다리 아픈 줄도 몰랐소."

김씨가 무슨 말을 하려는지, 고개를 들더니 아무 소리 없이 입맛을 다신다.

(옥남) "아저씨, 아저씨 내 소원을 풀어 주오. 우리 어머니가 살아 있다는데, 내가 어머니 얼굴을 못 보니 어머니를 보고 싶어 못 살겠소. 어머니가 나를 낳고 미친 병이 들었다 하니, 내가 아니 났더면 어머니가 아니 미쳤을 터이지……"

하더니 훌쩍훌쩍 우니, 유모가 그 모양을 보고 따라 운다. 김씨의 부인

이 옥남의 머리를 쓰다듬으며,

"에그, 본평댁이 불쌍하지. 신세가 그렇게 되고 그런 몹쓸 병이 들어
서……."

하더니 목이 멘 소리로 말끝을 마치지 못하고 눈물이 떨어진다. 김씨의
머리는 점점 더 수그러지더니, 염불하다가 앉아서 잠든 중의 고개같이
아주 푹 수그러졌다.

부인이 김씨를 건너다보며,

"여보 여보, 옥남이가 처음부터 그 어머니가 살아 있는 줄을 몰랐으
면 좋으려니와, 알고 보려 하는 것을 아니 뵐 수 있소? 오늘 내가
데리고 가서 만나 보게 하겠소. 이애 옥남아, 너의 어머니를 잠깐 보
고, 너는 도로 유모의 집으로 가서 있거라. 네가 너의 어머니를 보고
어머니 앞을 떠나기가 어려워서 너의 집에 있으려 할 터이면 내가 아
니 데리고 가겠다."

김씨가 고개를 번쩍 들며,

"응, 마누라가 데리고 갔다 오시오."

그 말 한 마디에 옥남이와 유모와 김씨 부인이 눈물이 가득한 눈으로
웃음빛을 띠웠더라.

앞뒤에 쌍 창문 척척 닫쳐 두고 문 뒤에는 긴 널빤지를 두 이자 석 삼
자로 가로질러서 두 치 닷 푼씩이나 되는 못을 척척 박아서 말이 문이
지 아주 절벽같이 만들어 놓고 안마루로 드나드는 지게문으로만 열고
닫게 남겨 둔 것은 최 본평 집 안방이라. 그 방 속에는 세간 그릇 하나
없고 다만 있는 것은 귀신 같은 사람 하나뿐이라.

머리가 까치집같이 헙수룩하고 얼굴은 몇 해 전에 씻어 보았든지 때
가 켜켜히 끼었는데, 저렇게 파리하고도 목숨은 붙어 있나 싶을 만하게
뼈만 남은 위인이 혼자 앉아서 중얼거리는 사람은 본평 부인이라.

무슨 곡절로 지게문만 남겨 놓고 다른 문은 다 봉하였던고? 본평 부인이 광증이 심할 때에는 벌거벗고 문 밖으로 뛰어나가려 하기도 하고, 옥순이도 몰라보고 방망이를 들고 때리려 하기도 하는 고로, 옥중에 죄인 가두듯이 안방에 가두어 두고 수직하는 노파 이삼 인이 옥사장같이 지켜 있고 다른 사람은 그 방에 드나들지 못하게 하는 터인데, 적적하고 캄캄한 방 속에 죄없이 갇혀 있는 사람은 본평 부인이라. 그러한 그 방 지게문을 펄쩍 열고,

"어머니."

부르면서 들어오는 것은 옥남이요, 그 뒤에 따라 들어오는 사람은 김씨의 부인과 옥남의 유모이라. 건넌방에서 옥순이가 그것을 보고 한 걸음에 뛰어나와 안방으로 따라 들어온다. 그 때 본평 부인은 아랫목에서 혼자 앉아서 베개에 식칼을 꽂아 놓고, 무엇이라고 중얼하는 소리가 그 남편 죽이던 놈의 원수 갚는다는 말이라. 옥남이가 그 어머니 모양을 보더니 울며, 그 어머니 앞으로 달려들어서 어머니를 부르며 울기만 하는데, 옥순이는 일곱 해 동안을 건넌방 구석에서 소리 없는 눈물로 자란 계집아이라, 참았던 울음소리가 툭 터져나오면서 옥남이를 얼싸안고 자지러지게 우니, 김씨의 부인과 유모가 옥남이를 왜 데리고 왔던고 싶은 마음뿐이라. 김씨의 부인이 눈물을 흘리고 본평 부인 앞으로 바싹 다가앉으며,

"여보 본평댁, 이 아이가 본평댁의 아들이오. 여보 여보, 정신 좀 차려서 이 아이 좀 보오. 어찌하여 저런 병이 들었단 말이오? 여보, 저 베개에 칼은 왜 꽂아 놓았소? 저런 쓸데없는 짓을 말고 어서 병이나 나아서 옥순이를 잘 가르쳐 시집이나 보내고, 옥남이를 길러서 며느리나 보고, 마음을 붙여 살 도리를 하시오. 돌아가신 서방님은 하릴없거니와 불쌍한 유복자를 남의 손에 기르기가 애닲지 아니하오? 본평댁이 어서 본정신이 돌아와서 옥남이를 길러 재미를 보게 하오. 에그,

그 얌전하던 본평댁이 이렇게 될 줄 누가 알았단 말인고?"

하며 목이 메서 하던 말을 그친다. 본평 부인이 무슨 정신에 김씨의 부인을 알아보던지 비죽비죽 울며,

"여보 회오골댁, 이런 절통한 일이 있소? 댁 서방님이 우리집에 오셔서 영문 장차를 다 때려죽이러 드시는 것을 내가 발바닥으로 뛰어나가서 말렸더니, 영문 장차놈들이 그 공을 모르고 옥순 아버지를 잡아다 죽였소그려. 내가 옥황상제께 원정을 하였소. 옥황상제께서 그 원정을 보시더니, 내 소원을 다 풀어 주마 하십디다. 염라대왕을 부르시더니 정 감사를 잡아다가 천 근이나 되는 무쇠 두멍을 씌워서 지옥에 집어넣고 우리 집에 나왔던 장차들은 금사망을 씌워서 구렁이가 되게 하고 옥황상제께서 날더러 하시는 말이 '너는 나가서 있으면, 내가 인간에 죄지은 사람들을 다 살펴서 벌을 주겠다' 하십디다. 회오골댁, 내 말을 자세히 들어 두시오. 몇 해만 되면 세상에 변이 자꾸 날 터이오. 극성을 부리던 사람들은 꼼짝을 못하게 되고, 백성들은 제 재물을 제가 먹고 살게 될 터이오. 두고 보오, 내 말이 맞나 아니 맞나…… 옥순 아버지가 대관령에서 운명할 때에 하던 말이 낱낱이 맞을 터이오."

그렇게 실진한 말만 하다가 나중에는 그 소리 할 정신도 없이 눈을 감더니 부처님의 감중련하는 손과 같이 손가락을 짚고 가만히 앉았는데, 그 앞에는 옥순의 남매 울음소리뿐이라.

태평양 너른 물에 크고 큰 화륜선이 살 가듯 떠나는데 돛대 밖에 보이는 것은 파란 하늘뿐이요, 물 밑에 보이는 것은 또한 파란 하늘 그림자뿐이라. 해는 어디서 떠서 어디로 지는지? 배는 어디서 와서 어디로 가는지? 오던 곳을 살펴보아도 하늘에서 온 것 같고, 가는 곳을 살펴보

아도 하늘로 향하여 가는 것만 같다. 바람은 괴괴하고 물결은 잔잔하고 석양은 묘묘한데, 화륜선 상등실에서 갑판 위로 웬 사람 셋이 나오는데 앞에 선 것은 옥남이요, 뒤에 선 것은 옥순이요, 그 뒤에는 김씨라. 옥남이가 갑판 위로 뛰어다니면서,

"누님 누님, 누님이 이런 좋은 구경을 마다고 집에서 떠날 때 오기 싫다 하였지? 집에 들어앉았으면 이런 구경을 하였겠소?"

하면서 흥이 나서 구경을 하는데, 옥순이는 아무 경황없이 뱃머리에서 오던 길만 바라보고 섰다. 옥순이가 수심이 첩첩하여 남에게 형언하지 못하는 한탄이라.

'어머니는 어떻게 되셨누? 내가 집에 있을 때도 어머니 병구원하는 할미들이 어머니를 대하여 소리를 꽥꽥 지르며 움지르는 것을 보면 내 오장이 무너지는 듯하지마는, 그 할미들더러 애쓴다, 고맙다, 칭찬하는 것은 빈말이 아니라, 그렇게 되신 우리 어머니를 밤낮없이 그만치 보아 드리기도 어려운 터이라. 그러나 나도 없으면 어떻게들 하는지……'

그런 생각을 하다가 구슬 같은 눈물이 쌍으로 뚝뚝 떨어지는데, 고개를 숙여 보니 만경창파에 간 곳 없이 스러졌다. 근심에 근심이 이어 나고, 생각에 생각이 이어 난다.

'갈모봉이 어디로 가고, 대관령은 어디로 갔누? 아버지 돌아가실 때에 대관령을 넘는데 천하에는 산뿐이요, 이 산에 올라서면 온 천하가 다 보이는 줄 알았더니, 에그 그 산이 그 산이……'

그렇게 생각하고 섰는데, 대관령이 옥순의 눈에 선하게 보이는 듯하다. 산은 무정물이라, 옥순이가 산에 무슨 정이 들어서 간절히 생각하는고?

대관령 상상봉에는 눈 못 감고 돌아가신 아버지가 말없이 누우셨고, 대관령 밑 경금 동네에는 살아 있는 어머니가 돌아가신 아버지 신세만 못하

게 되어 계시니, 그 어머니 형상은 잊을 때가 없는지라. 잠들면 꿈에 보이고, 잠이 깨면 눈에 어린다. 거지를 보더라도 본정신으로 다니는 사람을 보면, 우리 어머니는 저 신세만 못하거니 싶은 생각이 나고, 병신을 보더라도 본정신만 가진 사람을 보면 우리 어머니가 차라리 눈이 멀었든지 귀가 먹든지, 팔이나 다리나 병신이 되었더라도 옥남이나 알아보고 세상을 지내시면 좋으련마는 하며 한탄하는 마음이 생기는 옥순이라. 옥순이가 사람을 보는 대로 그 어머니가 남과 같지 못한 생각이 나는 것은 오히려 예사이라. 날짐승 길벌레를 보더라도 처량한 생각이 든다.

'저것은 짐승이지마는 기뻐하는 마음, 성내는 마음, 슬퍼하는 마음, 즐겨하는 마음, 사랑하는 마음, 미워하는 마음, 욕심나는 마음, 그런 마음이 다 있을 터인데, 어찌하여 우리 어머니는 사람으로 그런 마음을 잃으셨누? 아버지는 세상을 버리시고 어머니는 세상을 모르시는데, 의지 없는 우리 남매를 자식같이 사랑하고 불쌍히 여기는 사람은 회오골 아저씨 내외라. 헝겊붙이나 되어 그러하면 우리도 오히려 예사로울 터이나, 과갈지의도 없는 김가·최가이라. 우리 남매가 자라서 그 은혜를 어떻게 갚는지…… 부모 같은 은혜가 있으나 아버지라 부를 수 없는 고로 아저씨라 부르지마는, 우리 남매 마음에는 아버지같이 알고 따른 터이라. 그러나 눈치 보고 체면 차리는 것은 아무리 한들 친부모와 같을 수는 없는지라. 내 근심을 다 감추고 좋은 기색만 보이는 것이 내 도리에 옳을 터이라.'

하고 옥순이가 그런 생각을 하면서다시 아니 울 듯이 눈물을 썩썩 씻고, 고개를 들어서 오던 길을 다시 바라보니 망망한 바다 위에 화륜선 연기만 비꼈더라. 옥순이가 잠시간 화륜선 갑판 위에 나와 구경할 때라도 그런 근심 그런 생각을 하는 터이라. 고요한 밤 베개 위와 적적한 곳 혼자 있을 때는 더구나 더구나 옥순의 근심거리라.

김정수의 자는 치일이니 최병도와 지기하던 친구라. 내 몸을 가볍게 여기고 나라를 소중하게 아는 사람인데, 김씨가 천성이 그렇던 사람이 아니라 최씨에게서 천하 형세를 자세히 들어 안 이후로 어지러운 꿈 깨 듯이 완고의 마음을 버리고 세상을 자세히 살펴보는 사람이요, 최씨는 김옥균의 고담준론을 얻어 들은 후에 크게 깨달은 일이 있어서 나라를 붙들고 백성을 살릴 생각이 도저하나 일개 강릉 김 서방이라. 지체가 좋지 못하면 사람축에 들지 못하는 조선 사람 되어, 아무리 경천위지하 는 재주가 있기로 어찌할 수 없는 고로 고향에 돌아가서 재물 모으기를 시작하였는데, 그 재물 모으려는 뜻은 호의호식하고 호강하려는 것이 아니라, 그 재물을 모을 만치 모은 후에 유지한 사람 몇이든지 데리고 외국에 가서 공부도 시키고, 최씨는 김옥균과 같이 우리 나라 정치 개 혁하기를 경영하려 하던 최병도다.

김씨가 최병도 죽은 후에 백아가 종자기 죽은 후에 거문고 줄을 끊듯 이 세상일을 단망하고 있는 중에, 본평 부인이 그 남편의 유언을 전하 는 것을 듣더니, 김씨의 눈에서 강개한 눈물이 떨어지고 최씨의 부탁을 저버릴 마음이 없었더라.

최씨의 세 가지 유언이 있었는데, 하나는 세상을 원망한 말이요, 또 하나는 그 친구 김정수에게 전하여 달라는 말이요, 또 하나는 그 부인 에게 부탁한 말이라.

세상을 원망한 말은 최병도가 마지막 세상을 버리는 사람이 되어 말 을 가리지 아니하고 함부로 한 터이라. 인구 전파하기가 어려운 마디가 많이 있었는데, 누가 듣던지 최씨와 김씨의 교분을 부러워하고 칭찬한 다. 김씨에게 전하라는 말도 또한 세상에 관계되는 일이 많은 고로, 그 말을 얻어 들은 사람들이 수군수군 하고 쉬이쉬이 하다가, 그 말은 필 경 경금 동네서 스러지고 세상에 전하지 아니하였고, 다만 그 부인에게 부탁한 말만 전하였더라.

　(최씨 유언) "나는 천석 추수를 하는 사람이요, 치일이는 조석을 굶는
　사람이라. 내가 죽은 후에 내 재물을 치일이와 같이 먹고 살게 하고,
　내 세간을 늘리든지 줄이든지 치일의 지휘대로만 하고, 또 마누라가
　산월이 머지 아니하니 자녀간에 무엇을 낳던지 자식 부탁을 치일이에
　게 하라."
하면서 마지막 눈물을 떨어뜨리고 운명을 하였는지라.

　본평 부인이 실진하기 전부터 김씨가 최씨의 집 일을 제 집 일보다 십
배·백 배를 힘써서 보던 터인데, 본평 부인이 실진할 때는 옥순이가 불
과 여덟 살이라. 최씨의 집 일이 더욱 망창하게 된 고로, 김씨가 최씨의
집 논문서까지 자기의 집에 옮겨다 두고 최씨 집에서 쓰는 시량범절까
라도 김씨가 차하하는 터이라. 형세가 늘면 어찌 그렇게 쉬 늘던지 최병
도 죽은 지 일곱 해 만에 최병도 집 형세는 삼사 배가 더 늘었더라.

　최씨는 죽고 그 부인은 그런 병이 들었으니 화패가 연첩한 집에 패가
하기가 쉬울 터인데 형세가 그렇게 는 것은 이상한 일이나, 김씨가 최
씨 집 재물을 가지고 세간살이하는 것을 보면 그 세간이 늘 수밖에 없
는지라. 가령 천석 추수를 하면, 백 석쯤 가지고 최씨와 김씨 두 집에서
먹고 살아도 남는 터이라, 구백 석은 팔아서 논을 사니 연년이 추수가
늘기 시작하여 그 형세가 불 일어나듯 하였는데, 옥남이 일곱 살 되던
해에 그 어머니를 만나 본 후로 옥순의 남매가 밤낮 울기만 하고 서로
떨어져 있지 아니하려는 고로, 김씨가 최병도 생전에 모은 재산만 남겨
두고, 김씨의 손으로 늘인 전장은 다 팔아서 그 돈으로 옥남의 남매를
미국에 유학시키러 가는 길이라. 화성돈에 데리고 가서 번화하고 경치
좋은 곳은 대강 구경시킨 후에 옥순의 남매 공부할 배치를 다 하여 주
었는데, 옥남이는 어린아이라 좋은 구경에 정신이 팔려서 집 생각을 아

니 하나, 옥순이는 꽃을 보아도 눈물을 머금고 보고, 달을 보아도 눈물을 머금고 보고, 박물관·동물원같이 번화한 구경을 할 때에도 경황없이 다니면서 고국 생각만 한다.

김씨가 고향을 떠나서 오래 있기가 어려운 사정이나 기간사는 전혀 생각지 아니하고, 옥순의 남매를 공부 성취시킬 마음과, 자기도 연부역강한 터이라 아무쪼록 지식을 늘릴 도리에 힘을 쓰고 있는지라. 그렇게 다섯 해를 있는데, 물가 비싼 화성돈에서 세 사람의 학비가 적지 아니한지라. 또 옥순의 남매를 아무쪼록 고생 아니 되도록 할 작정으로 의외에 돈이 너무 많이 쓰인 고로 십여 년 예산이 불과 다섯 해에 돈이 거진 다 쓰이고 몇 달 후면 학비가 떨어질 모양이라. 본래 김씨가 경금서 떠날 때에 또 최씨 집 추수하는 것을 연년이 작전하여 늘리도록 그 아들에게 지휘하고 온 일이 있는데, 김씨가 떠날 때에는 그 아들의 나이 스물한 살이라. 그 후에 다섯 해가 되었으니 그 때 나인 이십육 세이라. 김씨 생각에 내가 집에 있어서 그 일을 본 해만은 못하더라도, 그 후에 우리 나라의 곡가가 점점 고등하였으니 내 지휘대로만 하였으면 돈이 많이 모였을 듯하여, 김씨가 학비를 구처할 마음으로 고국에 돌아오는데 왕환 동안은 속하면 반 년이요, 더디더라도 팔구 삭에 지나지 아니한다 하고, 옥순의 남매를 작별하였더라. 김씨가 고국에 돌아와서 본즉 최씨 집에는 전과 같은 일도 있고, 전만 못한 일도 있다.

본평 부인의 실신한 병은 전과 같아 살아 있을 뿐이요, 그 집에 재물은 바싹 졸아서 전만 못하게 되었더라. 김씨가 다시 자기 집을 자세히 살펴보니, 뜻밖에 전보다 다른 것이 두 가지라. 한 가지는 그 아들의 난봉이 늘고, 또 한 가지는 그 아들의 거짓말이 썩 대단히 늘었더라.

부모가 믿기를 태산같이 믿고 일가 친척이 칭찬하고, 동네 사람들이 우러러보던 그 아들이 그다지 그렇게 될 줄은 꿈 밖이라. 제 마음으로 그렇게 되었던가, 남의 꾀임에 빠져서 그렇게 되었던가? 제 마음이 글러서 그렇게 된 것도 아니요, 남이 꾀어서 그렇게 된 것도 아니라. 그러면 어찌하여 그렇게 되었던가? 그 때는 갑오 이후라, 관제가 변하여 각 읍의 원은 군수가 되고, 팔도는 십삼도 관찰부가 된 때라. 어떤 부처님 같은 강릉 군수가 내려왔는데, 뒷줄이 튼튼치 못한 고로, 백성의 돈을 펼쳐 놓고 뺏어 먹지는 못하나, 소문 없이 갉아먹는 재주는 신통한 사람이라. 경금 사는 김정수의 아들이 남의 돈이라도 수중에 돈 천 돈 만이나 좋이 가지고 있다는 소문을 듣고 존문을 하여 불러들여 치켜세우고, 올려세우고, 대접을 썩 잘하면서 돈 몇천 냥만 꾸어 달라 하니, 김 소년의 생각이 그 시행을 아니 하면 하늘 모르는 벼락을 맞을 듯하여 겁이 나서 강릉 원에게 돈 몇천 냥을 소문 없이 주고, 벙어리 냉가슴 앓듯 하고 있는 중에 강릉 군수보다 존장 할아비 치게 세력 있는 관찰사가 불러다가 웃으며 뺨 치듯이 면새 좋게 뺏어 먹는 통에, 김소년이 최씨 집 추수 작전한 돈을 제 것같이 다 써 없애고 혼자 심려가 되어 별궁리를 다 하다가, 허욕이 버썩 나서 그 모친이 맡아 가지고 있는 최씨 집 논문서를 꺼내다가 빚을 몇만 냥을 얻어 가지고 울진으로 장사하러 내려가서 한 번 장사에 두 손 툭툭 털고 돌아왔더라.

처음에 장사 나설 때는 이번 장사에 군수와 관찰사에게 취하여 준 돈을 어렵지 아니하게 벌충이 되리라 싶은 마음뿐이러니, 울진 가서 어살을 하다가 생선 비린내만 맡고 돈은 물 속에 다 풀어 넣고 장사라 하면 진저리치게 되었는데, 그렇게 낭패본 것을 그 부친에게 알리지 아니하고 편지할 때마다 거짓말만 하였더라.

본래 착실하던 사람이 거짓말하기 시작하면 엉터리없는 거짓말이 그렇게 잘 늘던지, 김 소년이 저의 부친에게만 그렇게 거짓말하는 것이 아니라 남에게까지 거짓말을 하고 빚을 상투고가 넘도록 졌는데, 최씨 집 재산을 결딴내 놓고 사람을 속여먹으려고 눈이 뒤집혀 다니는 모양이라.

김정수가 기가 막혀서 말이 아니 나오는데, 아들이 난봉된 것은 오히려 둘째가 되고, 옥남의 남매가 몇만 리 밖에서 굶어 죽게 된 일을 생각하면 잠이 아니 온다. 옥남의 남매를 데려올 작정으로 노자를 판출하려는데, 본래 김씨는 가난하던 사람으로 최씨의 재물을 맛본 후에 남에게 신용이 생겼더니 최씨 집 재물이 없어진 후에 그 신용이 떨어질 뿐 아니라, 그 아들이 난봉 패호한 후에 동네 사람의 물의가, 김치일의 부자는 최씨 집을 망하려는 사람이라고 소문이 떡 벌어졌는데, 누구더러 돈 한 푼 꾸어 달라 할 수도 없이 되고, 섣불리 그런 말을 하면 남에게 욕만 더 얻어먹을 모양이라.

김씨가 며칠 밤을 잠을 못 자고 헛 경륜만 하다가 화가 어찌 몹시 나든지 조석 밥은 본 체도 아니 하고 날마다 먹으니 술뿐이라, 술이 깨면 별 걱정이 다 생기다가 술을 잔뜩 먹고 혼몽 천치가 되면 아무 걱정 없이 팔자 좋게 세월을 보내는 터이라.

김씨가 집에 돌아온 지 몇 달 동안에 술 취하지 아니하는 날이 한 달 삼십 일 동안에 몇 시가 못 되더니 필경에는 그 몇 시간 동안에 정신 있던 것도 없어지고 세상을 아주 모르게 되었다.

술을 먹어 정신을 모르는 것이 아니요, 병이 들어 정신을 모르는 것도 아니라, 긴 잠이 길게 들어서 이 세상을 모르게 되었더라.

그 전날까지도 고래 물 켜듯이 술을 먹던 터이요, 아무 병 없이 사지 백체가 무양하던 터이라, 병 없이 죽었으나 죽는 것이 병이라. 김씨가 죽던 전날 그 부인과 아들을 불러 앉히고 옥순의 남매를 데려올 말을 하는데 순리의 말은 별로 없고 억지 말만 있었더라.

몇 푼짜리 되지도 아니하는 집을 팔면 옥순의 남매를 데려올 듯이, 집도 팔고 식구마다 남의 종으로 팔려서 그 돈으로 옥순 남매를 데려오겠다 하면서, 코를 각각 지지르는 독한 소주를 말물 켜듯 하는데, 그 때가 여름 삼복중이라, 하루 종일 소주만 먹더니 날이 어슬하게 저물 때에 앞뒷문을 활짝 열어 놓고 자다가, 몸에 불이 일어날 듯이 번열증이 나서 냉수를 찾는데, 미처 대답할 새가 없이 재촉하여 냉수를 떠 오라 하더니 냉수 한 사발을 한숨에 다 먹고 콧구멍에 새파란 불이 나면서 당장에 죽었더라.

김씨는 옛사람이 되었으나, 지금 이 세상에 밤낮으로 기다리고 있는 사람은 옥순이와 옥남이라. 김씨 집에서 김씨가 죽었다고 옥순에게로 즉시 전보나 하였으면 단념하고 기다리지 아니할 터이나, 김씨 아들이 시골서 생장한 사람이라, 전보할 생각도 아니 하고 있는 고로 김씨가 죽은 지 오륙 삭이 되도록 옥순이는 전연 모르고 있었더라. 옥순의 남매가 학비가 떨어져서 사고무친한 만리 타국에서 굶어 죽을 지경이라. 편지를 몇 번 부쳤으나 답장 한 장이 없더니, 하루는 옥남이가 우편으로 온 편지 한 장을 받아 들고 들어오면서 좋아서 펄펄 뛰며,

(옥남) "누님 누님, 조선서 편지 왔소. 어서 좀 뜯어 보오."
하면서 옥순의 앞에 놓는데, 옥순이가 어찌 반갑고 좋던지 겉봉에 쓴 것도 자세 보지 아니하고 뚝 떼어 보니 편지한 사람은 김씨의 아들이요, 편지 사연은 김씨가 죽었다는 통부라.

그 때 옥순이는 열아홉 살이요, 옥남이는 열두 살이라. 부모같이 알던 김씨의 통부를 듣고 효자·효녀가 상제된 것과 같이 설워하다가 그 설움은 잠깐이어니와 돈 한 푼 없는 옥남의 남매가 제 설움이 생긴다.

정신병이 들어서 아무것도 모르는 그 어머니를 살아 있을 때에 한 번 다시 만나 볼까 하였더니, 그 어머니 죽기 전에 옥순의 남매가 먼저 죽을 지경이라. 옥순이가 옥남이를 붙들고 울며,

"이애 옥남아, 세상에 우리 남매같이 기박한 팔자가 또 어디 있단 말

이냐! 돌아가신 아버지 일을 생각하든지, 살아 계신 어머니 일을 생각하든지, 우리 남매는 일평생에 한 덩어리로 자라나서, 아버지 산소에 한 번도 못 가 보고 어머니 얼굴을 한 번 다시 못 보고 여기서 죽는단 말이냐? 어머니 생전에 우리가 먼저 죽으면 불효가 막심하나 그러나 만리 타국에 와서 먹을 것 없이 어찌 산단 말이냐?"

하면서 울다가, 옥순의 남매가 자결하여 죽을 작정으로 나섰더라. 옥순의 남매는 본래 총명한 아이인데, 김씨가 어찌 잘 인도하였던지, 어린아이들의 마음일지라도 아무쪼록 남보다 공부를 잘하여 고국에 돌아간 후에 나라에 유익한 백성이 될 마음이 골똘하여 일심 정력으로 공부를 하였는데, 옥순이는 옥남이보다 일곱 살이나 더하나, 고국에 있을 때에 아무 공부 없기는 일반이라. 미국 가서 심상소학교에도 같이 들어갔고 심상과 졸업도 같이 하고, 그 때 고등소학교 일년생으로 있는데, 공부 정도는 같으나 열두 살 된 아이와 열아홉 살 된 아이의 지각 범절은 현연히 다른지라. 그 아버지를 생각하기도 옥순이가 더하고, 그 어머니 정경을 생각하는 것도 옥순이가 더하는 터인데, 더구나 옥순이는 여자의 성정이라 어린 동생을 데리고 죽으려 할 때에 그 서러워하는 마음은 옥순이더러 말하라 하더라도 형용하여 다 말하지 못할지라.

기숙하던 호텔은 다섯 해 동안에 주객지의가 있었는데, 김씨가 옥순의 남매를 데리고 돈을 흔히 쓰고 있을 때는 그 호텔 주인은 형제같이 친하게 지내고 보이들은 수족같이 말을 잘 듣더니, 학비가 떨어지고 호텔 주인에게 요리값을 못 주게 된 후에는 형제 같던 주인이나 수족 같은 보이나 별안간에 변하기로 그렇게 대단히 변하던지, 돈 없이는 하루라도 그 집에 있을 수가 없는 터이라. 그러나 호텔에서 두어 달 동안이나 외자로 먹고 있기는, 주인의 생각에 옥순의 집에서 돈을 정녕 보내 주려니 여기고 있는 고로, 옥순의 남매가 그날 그 때까지 그 집에 있던 터이라.

대체 옥순의 남매가 그렇게 두어 달을 지낸 끝이라. 십 리만 가려 하더라도 전차 탈 돈도 없고, 다만 있는 것은 옥순의 몸의 금시계 하나와 금반지 하나뿐이라. 옥순의 남매가 그 호텔 주인에게 어디로 간다는 말도 없이 가만히 나섰는데, 그 길은 죽으러 가는 길이라.

지는 해는 서천에 걸렸는데 내왕하는 행인은 각 사회에서 일 마치고 돌아가는 사람들이라. 옥순의 남매가 해지기를 기다려서 기차 철로로 향하여 가는데, 사람의 자취 드문 곳으로만 찾아간다. 땅은 검으락말락하고 열 간 동안에 사람은 보일락말락한데, 옥순의 남매가 철도 옆 언덕 위에서 철도를 내려다보며 기차 지나가기를 기다린다. 옥순이가 옥남의 손목을 붙들고 울며,

"이애 옥남아, 너는 남자이라. 이렇게 죽지 말고 살다가 남의 보이 노릇이라도 하고 하루 몇 시간이든지 공부를 착실히 한 후에 우리 나라에 돌아가서, 병든 어머니나 다시 뵙고 어머니 생전에 봉양이나 착실히 할 도리를 하여 보아라. 나는 여자이라 살아 있더라도 우리 최가의 집에 쓸데없는 인생이니, 죽으나 사나 소중한 것 없는 사람이나, 너는 아무쪼록 살았다가 조상의 뫼나 묵지 말게 하여라."

(옥남) "여보 누님, 우리 나라 이천만 생명의 성쇠가 달린 나라가 결딴나게 된 생각은 아니 하고, 최가의 집 하나 망하는 것만 그리 대단히 아오? 내가 살았다가 우리 나라 일이나 잘 하여 볼 도리가 있으면 보이 노릇은 고사하고 개 노릇이라도 하겠소마는, 최씨의 뫼가 묵는 것은 꿈 같소."

(옥순) "오냐, 기특한 말이다. 네 마음이 그러할수록 죽지 말고 살았다가 나라를 붙들 도리를 하여 보아라."

(옥남) "여보 누님, 그 말 마오. 사람이 죽을 마음을 먹을 때에, 오죽 답답하여 죽으려 하겠소? 김옥균은 동양의 영웅이라 하는 사람이 우

리 나라 정치를 개혁하려다가 역적 감태기만 뒤집어쓰고 죽었는데, 나 같은 위인이야 무슨 국량이 있어서 나라를 붙들어 볼 수 있소? 미국 와서 먹을 것 없어서 고생되는 김에 진작 죽는 것이 편하지. 누님이나 고생을 참고 남의 집에 가서 심부름이나 하고 밥이나 얻어 먹고 살아 보오."

그 말이 맺지 못하여 기차 하나가 풍우같이 몰려 들어오는데, 옥남이가 언덕 위에 도사리고 섰다가 눈을 딱 감고 철로를 내려뛰니, 옥순이가 따라서 철도에 떨어지는데, 웬 사람이 언덕 아래서 소리를 지르고 쫓아오나, 그 사람이 언덕에 올라올 동안에 살같이 빠른 기차는 벌써 그 언덕 앞을 지나간다. 그 후 이틀 만에 화성돈 어느 신문에,

'조선 학생 결사 미수

재작일 오후 칠시에 학생 최옥남 연 십삼, 여학생 최옥순 연 십구, 학비가 떨어짐을 고민히 여겨서, 철도에 떨어져서 죽으려다가 순사 캘라베루 씨의 구한 바가 되었다. 그 학생이 언덕 위에서 수작할 때에, 순사가 그 동정을 수상하게 여겨서 가만히 언덕 밑에 가서 들으나 말을 알아듣지 못하는 고로, 먼저 동정을 살피던 차에, 그 학생이 기차 지나가는 걸 보고 철도에 떨어졌는지라. 순사가 급히 쫓아가 보니 원래 그 언덕은 불과 한 길쯤 되고 철로는 쌍선이라 언덕 밑 선로는 북행차의 선로요, 그 다음 선로는 남행차의 선로인데 그 학생이 남행차 지나가는 것을 보고, 그 차가 언덕 밑 선로로 가는 줄만 알고 떨어졌다가 순사에게 구한 바에 되었다더라.'

그러한 신문이 돌아다니는데, 그 신문 잡보를 유심히 보고 그 정경을 불쌍히 여기는 사람이 있다. 그 사람의 이름은 시엑기 아니스인데, 하느님을 아버지 삼고 세계 인종을 형제같이 사랑하고 야소교를 진심으로 믿는 사람이라. 신문을 보다가 옥순의 남매에게 자선심이 나서 그 길로

옥순의 남매를 찾아 데려다가 몇 해든지 공부할 동안에 학비를 대어 주마 하니, 그 때 옥순이와 옥남이의 마음은 공부할 생각보다 고국에 돌아가도록 하여 주었으면 좋겠다 싶은 마음이 있으나, 시엑기 아니스는 공부를 주장하여 말하는 고로, 옥순의 남매가 고국에 가고 싶다는 말은 차마 하지 못하고 미국에서 다시 공부를 한다.

본래 옥순이와 옥남이가 김씨 살았을 때 학과서는 학교에 다니며 배웠으나, 마음 공부는 전혀 김씨의 교육을 받은 사람이라. 성은 각성이나 김씨가 옥순의 남매에게는 부형 같은 사람이라, 옥순의 남매가 김씨의 교육 받은 것을 가정 교육이라 하여도 가한 말이라.

그 마음 교육이라 하는 것은 어떠한 마음인고?

본래 최병도와 김병수는 국가 사상이 머리에 가득 찬 집이라. 만일 최씨가 좀 오래 살았더면, 김씨와 같이 나라 일에 죽었을 사람이라. 그러나 최씨가 죽은 후에 외손뼉이 울기 어려운지라, 김씨가 강릉 구석산 두멧골에서 제 재물이라고는 돈 한 푼 없이 지내면서 꼼짝할 수도 없는 중에 저버릴 수 없는 최씨의 유언으로 최씨의 집을 보아 주느라고 헤어나지를 못한 고로, 세상이 김씨의 유지한 줄을 몰랐더라. 그러한 위인으로 일평생에 뜻을 얻지 못하여 말이 나오면 불평한 말뿐인데 그 불평한 말인즉, 국가를 위하는 말이라.

옥순이와 옥남이가 자라나는 새 정신에 날마다 듣느니 국가를 위하는 말뿐인고로, 옥순이와 옥남이는 나라이라 하는 말이 뇌에 박히고 정신에 젖었더라. 그 후에는 다시 시엑기 아니스의 교육을 받더니 마음이 한층 더 넓어지고, 목적 범위가 한층 더 커져서, 천하를 한집같이 알고 사해를 형제같이 여겨서, 몸은 덕의상에 두고 마음은 인애적으로 가져서 구구한 생각이 없고 활발한 마음이 생기더니, 학문에 낙을 붙여서 고향 생각을 잊어버린다.

그러나 그것은 옥남의 마음이 그러하단 말이요, 옥순의 일은 아니라. 옥순이는 여자의 편성으로 처음에 먹었던 마음이 조금도 변치 아니하였는데, 그 처음에 먹었던 마음은 무슨 마음인고? 고국을 바라보고 오장이 살살 녹는 듯한 근심하는 마음이라. 아버지가 강원 감영에 잡혀 가던 모양도 눈에 선하고, 어머니가 나를 붙들고 기가 막혀 울던 모양도 눈에 선하고, 김씨 부인이 옥남이를 데리고 왔을 때에 어머니가 그 옥남이를 몰라보고, 베개에 식칼을 꽂아 놓고 강원 감사의 이름을 부르면서 원수 갚는다 하던 모양도 눈에 선하다.

그렇게 하는 근심이 끊어지다가 이어나고, 스러지다가 생겨난다. 바라보는 것은 고국 산천이요, 생각하는 것은 그 어머니라. 공부도 그만두고 하루바삐 고국에 가고 싶으나 시엑기 아니스에게 이런 발설을 하기 어려운 터이라. 근심으로 날을 보내고 근심으로 해를 보내는데, 그렇게 보내는 세월 가운데 옥순의 남매가 고등소학교를 마치고 졸업장을 타 가지고 와서 졸업장을 펴 놓고 마주 앉아서 옥순이가 옥남이를 돌아다보며,

"이애 옥남아, 사람이 무엇을 위하여 공부를 하느냐? 우리가 외국에 와서 오래 공부만 하고 있을 수도 없는 정세가 아니냐? 어머니 본마음을 가지고 계시더라도 자식 된 도리에 여러 해 슬하를 떠나 있으면 어머니 보고 싶은 마음이 간절할 터인데, 하물며 우리 어머니는 남다른 병환이 들어서 생활의 낙을 모르고 살아 계시니, 우리가 공부는 그만 하고 고국에 돌아가서 어머니 생전에 병구원이나 하여 드리자. 너는 어머니를 떠나서 유모의 집에서 일곱 살이 되도록 어머니 얼굴도 모르다가 일곱 살 되던 해에 어머니를 처음 뵈옵고 그 후에 즉시 미국에 와서 있으니 어머니 정경을 다 모르는 터이라, 이애 옥남아."

부르다가 목이 메어서 말을 못하고 흑흑 느끼니, 옥남이가 마주 우는데 눈물이 비오듯 한다. 옥순이가 한참 진정하고 다시 말 시작하는데,

옥순이는 하던 말을 다 마칠 마음으로 느끼던 소리와 솟아나던 눈물을 억지로 참고 말을 하나 옥남이는 의구히 낙루한다.

(옥순) "이애 옥남아, 자세히 들어 보아라. 사람이 귀로 듣는 일과 눈으로 보는 일이 다르니라. 너는 우리 집 일을 귀로 들어 알았거니와, 나는 내 눈으로 낱낱이 보고 아는 일이라. 아버지께서 그렇게 원통히 돌아가시고, 어머니께서는 그 원통한 일로 인연하여 그런 몹쓸 병환 중에 지내시던 일은 원통히 돌아가신 아버지보다 몇 갑절이나 불쌍하신 신세이라. 이애 옥남아, 이야기 하나 들어 보아라. 어머니 병 드시던 이듬해에 우리 집에 조그마한 강아지가 있었는데, 그 강아지가 어디서 북어 대강이 하나를 물고 오더니 납죽이 엎드려서 앞발로 북어 대강이를 누르고 한참 재미있게 뜯어 먹는데, 웬 청삽사리 개 한 마리가 오더니 강아지를 노려보며 드뭇드뭇한 하얀 이빨이 엉크렇게 드러나도록 아가리를 벌리고 응응 소리를 하다가 와락 달려들어 강아지를 물어 박지르고 북어 대가리를 뺏어 가니 누가 보든지 그 큰 개가 밉살스럽기는 하지마는, 우리 어머니는 남다른 한을 품고 남다른 병이 들어서 무엇이 무엇인지 모르고 지내는 터에, 개가 강아지를 물어 박지르는 것을 보고 별안간에 실진하였던 병 증세가 더 복발이 되어서 하시는 말이, '저놈이 강원 감사로구나! 남을 물어 박지르고 먹을 것을 뺏어 가니, 그래 만만한 놈은 먹고 살지도 말란 말이냐? 이 몹쓸 놈아, 네가 강원 감사로 있어서 백성을 다 죽여 내더니 강아지까지 못살게 구느냐? 이놈, 나도 네게 원수 척을 지은 사람이라, 내가 오늘 네 원수를 갚겠다' 하시더니 소리를 버럭버럭 지르면서 개를 쫓아가시는데 그 때는 깊은 겨울이라, 어머니 가신 곳을 알지 못하여 왼 집안 사람들이 있는 대로 다 나서서 어머니를 찾으러 다니느라고 하룻밤을 새웠다. 그러하던 그 어머니를 우리가 이렇게 떠나 있는 것

이 자식 된 도리가 아니다. 이애, 별 생각 말고 시엑기 씨에게 좋게 말하고 고국으로 돌아갈 도리를 하자. 이애 옥남아, 나는 몸이 여기 있으나, 내 눈에는 어머니가 실진하여 하시던 모양만 눈에 선하다."

하면서 다시 느껴 운다. 옥남이가 한참 동안을 앉아 울다가 주먹으로 테이블 바닥이 쪼개지도록 내리치더니, 양복 포켓 속에서 착착 접은 하얀 수건을 내서 눈물을 썩썩 훔치고, 눈방울을 두리두리하게 굴리고 이를 악물고 앉았더니 다시 기운을 내어서 천연히 말한다.

"여보 누님, 누님이 문명한 나라에 와서 문명한 신학문을 배웠으니 문명한 생각으로 문명한 사업을 하지 아니하면 못씁니다. 누님, 누님이 내 말을 좀 자세히 들어 보시오. 사람이 부모에게 효성을 하려면 부모 앞에서 부모 봉양만 하고 들어앉았는 것이 효성이 아니라, 부모의 은혜 받은 이 몸이 나라의 국민의 의무를 지키고 국민의 직분을 다하는 것이 부모에게 효성이라. 우리 나라에는 세도 재상이니, 별입이니, 땅별입시니, 무엇이니, 무엇이니 하는 사람들이 성인 같으신 임금의 총명을 옹폐하고 국권을 농락하여 나라는 망하든지 흥하든지 제 욕만 채우고 제 살만 찌우려고 백성을 다 죽여 내는 통에, 우리 아버지가 그렇게 원통히 돌아가시고, 우리 어머니도 그 일을 인연하여 그런 몹쓸 병환이 들으셨으니 그 원인을 생각하면 나라의 정치가 그른 곡절이라. 여보, 우리 나라에서 원통한 일 당한 사람이 우리뿐 아니라, 드러나게 당한 사람도 몇천 몇만 명이요, 무형상으로 죽어나고 녹아나서 삼천리 강산에 처량한 빛을 띄우고, 이천만 인민이 도탄에 들어서 나라는 쌓아 놓은 닭의 알같이 위태하고, 인종은 봄바람에 눈 녹듯 스러져 없어지는 때라. 이 나라를 붙들고 이 백성을 살리려 하면 정치를 개혁하는 데 있는 것이니, 우리는 아무쪼록 공부를 많이 하고 지식을 넓혀서 아무 때든지 개혁당이 되어서 나라의 사업을 하는 것이 부모에게 효성하는 것이오. 여보 누님, 우리가 지금 고국에 돌아가서 어머니를 모시고 있더라도 어머니 병환이 나으실 리도 없고, 아버지 산소에 가도 아버지가 살아오실 리가 없으니, 아무리 우리 집에 박절한 사정이 있더라도 그 박절한 사정을 돌아보지 말고 국민 동포의 공익을 위하여 공부를 더 하고 있습시다. 우리 나라의 일만 잘 되면 눈을 못 감고 돌아가신 아버지께서 지하에서 눈을 감을 것이요, 철천지 한을 품고 실진까지 되셨던 어머니께서도 한이 풀리시면 병환이 나으실는지도 모를 일이니, 어머니를 위할 생각을 그만 하고 나라 위할 도리를 하시오. 누님이 만일 그런 생각이 하루바삐 고국엘 돌아가서 어머니 뵙고 누님이 시집이나 가서 편히 잘살려는 생각이 간절하거든 오늘일지라도 떠나가시오. 노잣돈은 아무 때든지 시엑기 씨에게 신세 지기는 일반이니, 내가 말하여 얻어 드리리라."

옥순이가 그 말을 듣고 가만히 앉아 생각을 하더니 옥남의 말을 옳게 여겨 근심을 참고 공부에 착심하여 해외 풍상에 몇 해를 더 지냈던지, 옥순이는 사범학교까지 졸업한 후에 근심을 잊어버리기 위하여 음악학교에서 공부하고, 옥남이는 중학교를 마친 후에 경제학을 공부하면서 한편으로 사회 철학을 깊이 연구하더라. 백면 서생의 책상머리는 반딧불 창과, 눈 쌓인 밤에 어느 때든지 맑고 고요치 아니한 때가 없지마는, 세계 풍운은 날로 변하는 때라. 더구나 우리 나라에서는 세상이 어찌 되어 가는지 모르고 괴상 극악한 짓만 하다가, 세계 풍운이 변하는 서슬에 정신이 번쩍번쩍 나는 판이라. 일로 전쟁 이후로 옥남이가 신문만 정신 들여 날마다 보는데 신문을 볼 때마다 속만 터진다. 어찌하여 그렇게 속이 터지는고?

옥남의 마음에 우리 나라 일은 놀부의 박 타듯이 박은 타는데 경만 치게 된 판이라고 생각한다. 박을 타는 것 같다 하는 말은 웬 말인고?

옛날 놀부의 마음이 동포 형제는 다 빌어먹게 되더라도 남의 것을 뺏어서 내 재물만 삼으면 좋을 줄로 알던 사람이라. 일평생에 악한 기운이 두리두리 뭉쳐서 바람 풍자 세 가지 쓰인 박씨 하나가 되었더라. 그 바람 풍자 풀기를 올풍·졸풍·망풍이라 하였으나, 옥남이 같은 신학문 있는 사람의 마음에는 그 바람 풍자가 북풍이 아니면 서풍이요, 서풍이 아니면 남풍이라. 대체에는 바람에 경을 치든지 큰 바람이 불고 말리라 싶은 생각이나, 그러나 바람 불기 전에는 어느 바람이 불는지 모르는 것이요, 박을 타기 전에는 무엇이 나올지 모르는 터이라.

대체 그 박씨가 어느 바람에 불려 온 것인고? 한식 동풍에 어류가 비꼈는데, 왕사 당전에 날아드는 제비들이 공량에 높이 앉아 남남히 지저귀고 강남 소식을 전하면서 박씨를 떨어뜨린다.

주인이 그 박씨를 주워다가 심었는데 주인이 거름을 어찌 잘 하였든지 넝쿨마다 마디지고, 마디마다 꽃이 피고, 꽃마다 열매 맺어, 낱낱이 잘 굳으니 그 박이 박복한 박이라. 팔월 단호 팔월에 박을 따서 놀부가 그 박을 타는데, 톱질을 하여도 합질할 생각으로 박을 타더라.

한 통을 타면 초상 상제가 나오고, 또 한 통을 타면 장비가 나오고, 또 한 통을 타면 상전이 나오니, 나머지 박은 겁이 나서 감히 탈 생의를 못하나 기왕에 열려서 굳은 박이라, 놀부가 타지 아니하더라도 제가 저절로 터져서 박 속에 든 물건은 다 나오고 말 모양이라. 놀부가 필경 패가하고 신세까지 망쳤는데, 도덕 있고 우애 있는 흥부의 덕으로 집을 보전한 일이 있었더라. 그러한 말은 허무한 옛말이라. 지금 같은 문명한 세상에 물리학으로 볼진대 박 속에서 장비가 나오고 상전도 나올 이치가 없으니, 옥남이가 그 말을 참말로 믿는 것이 아니라. 그러나 옥남의 마음에 옛날 우리 나라에 이학 박사가 있어서 우리 나라 개국 오백 년 전후사를 추측하고 비유하여 지은 말인가 보다, 그렇게 생각하여 의심

나고 두려운 마음이 주야 잊지 못하는 것이 옥남의 일편 충심이라.

옥남의 마음에 우리 나라는 놀부의 천지라 세도 재상도 놀부의 심장이요, 각 도 관찰사도 놀부의 심장이요, 각 읍 수령도 놀부의 심장이라. 하루바삐 개혁당이 나서서 일반 정치를 개혁하는 때에는 저 허다한 놀부떼가 일시에 박을 타고 들어앉았으려니 생각한다.

옥남이가 날마다 때마다 우리 나라가 개혁되기만 기다리는데, 그 기다리는 것은 놀부 떼가 미워서 개혁 되기를 기다리는 것이 아니요, 국가의 미래 중흥을 바라고 인민의 목하도탄을 면하게 되는 것을 바라는 마음이라. 그러나 우리 나라 일은 깊은 잠 어지러운 꿈과 같아서 불러도 아니 깨이고 몽둥이로 때려도 아니 깨이는 터이라. 어느 때든지 하늘이 뒤집히도록 천변이 나고 벼락불이 뚝뚝 떨어지기 전에는 저 꿈 깨기가 어려우리라 싶은 것도 옥남의 생각이라.

서력 일천구백칠년은 우리 나라 개국 오백십륙 년이라. 그 해 여름이 되었는데 하늘에서는 불빛이 뚝뚝 떨어진다. 그 불빛이 미국 화성돈 어느 호텔 객실에 비추었는데, 그 객실은 동남향이라. 동남 유리창에 아침볕이 들이쪼인다. 그 유리창 안에는 백포장을 드렸고 백포장 밑에는 침대가 놓였고, 침대 위에는 여학생이 누웠는데 그 여학생은 옥순이라. 옥같은 얼굴이 아침볕 더운 기운에 선 앵두빛같이 익어서 도화색이 지고, 땀이 송송 나서 해당화에 이슬 맺힌 듯하였는데 어여쁘기는 일색이나, 자세 보면 얼굴에 나이 들어서 삼십이 가까운 모양이라. 그루잠(늦잠)을 곤히 자다가 기지개를 켜고 눈을 떠서 벽상에 걸린 자명종을 쳐다보더니 바스스 일어나며,

"에그, 벌써 여덟시가 되었구나. 아무리 일요일이라도 너무 염치없이 잤구나."

하면서 옷을 고쳐 입고 세수하고 식전에 하는 절차를 다 한 후에 거울

을 들여다보다가 탄식을 한다.

"세월도 쉽다, 내가 벌써 이렇게 되었단 말인가? 우리 아버지 돌아가시던 해에 어머니 나이, 지금 내 나이쯤 되셨고, 나는 그 때 불과 여덟 살이러니, 내가 자라서 이렇게 되었으니 어머니께서 얼마나 늙으셨누? 사람이 세상에 생겨나려거든 좋은 때에 생겨날 것이지, 무슨 팔자가 그리 기박하여 이런 때에 생겨났던고? 희호 세계에 나서 밭 갈아 먹고 우물 파 마시고 재력을 모르던 백성들은 우리 아버지같이 원통히 죽은 사람도 없을 것이요 우리 어머니같이 포원하고 미친 사람도 없으렷다. 에그, 나는……."

하다가 말끝을 마치지 아니하고 아무 소리 없이 앉았는데 기색이 좋지 못한 모양이라. 문 밖에서 문을 뚝뚝 두드리는 소리가 나며 문을 열고 들어오는 사람은 옥남이라. 옥순이가 좋지 못하던 얼굴빛을 감추고 천연히 앉았으니, 옥남이가 옥순의 기색을 보고 근심하던 눈치를 알았던지 교의 위에 턱 걸터앉으며,

(옥남) "누님, 오늘 신문 보셨소?"

(옥순) "이애, 신문이 다 무엇이냐? 지금 일어나서 겨우 세수하였다."

(옥남) "밤에 너무 늦게 주무시면 식전 잠이 많으시지요. 그러나 요새는 밤 몇 시까지 공부를 하시오?"

(옥순) "공부하려고 밤을 샐 수야 있느냐? 어젯밤에는 열두시까지 책을 보다가 새로 한시에 드러누웠더니 어머니 생각이 나기 시작하여 잠이 덧들었다가 밤을 새웠다."

(옥남) "그러나 참, 오늘 신문 보셨소? 오늘 신문은 썩 재미있던 걸……."

(옥순) "무엇이 그렇게 재미있단 말이냐? 어느 신문에 무슨 말이 있단 말이냐?"

하며 테이블 위에 놓인 신문을 보려 하니, 옥남이가 신문지를 누르면서,

(옥남) "여보시오 누님, 여러 신문을 다 찾아보려 하면 시간이 더딜 터이니 내게 잠깐 들으시오. 자, 자세 들어 보시오. 신문 제목은 여학생의 아침 잠이라, 화성돈 셰맨스 호텔에 유한 한국 여학생 최옥순이는 동방이 샐 때를 초저녁으로 알고 해가 삼장이 높았을 때를 밤중으로 알고 자는 여학생이라 하였는데, 대체 그 아래 마디까지 다 외지는 못하오."

(옥순) "이애, 그것은 너의 거짓말이다. 내가 근심을 잊어버리고 밤에 잠을 잘 자도록 권하려고 네가 나를 조롱하는 말인가 보다. 이애 옥남아, 낸들 근심을 하고 싶어서 일부러 하겠느냐? 어젯밤에도 열두시까지 책을 보다가, 침대에 드러누웠더니 우연히 고국 생각이 나기 시작하여 동방에 계명성이 올라오도록 잠 못 이루어 애를 쓰다가 먼동이 틀 때에 겨우 잠이 들었다. 근심을 잊어버리자고 결심하고 있는 네 마음이나 잊어버리지 못하는 내 마음이나 다를 것이 없으니, 나는……."

하다가 말을 맺지 못하고 눈물이 옷깃에 떨어진다.

(옥남) "여보 누님, 다른 말씀 마시고 신문을 좀 보시오."

옥순이가 그 소리를 듣더니 참 제 말이 신문에 난 듯이 의심이 나서 급히 신문지를 집어서 앞에다 놓으니, 옥남이가 옥순의 앞으로 다가앉으며 각 신문을 뒤적거리다가, 옥남의 손가락이 신문지 위에 뚝 떨어지며,

(옥남) "이것 좀 보시오."

하는 소리에 눈이 동그래지며 옥남의 손가락 가리키는 곳을 본다. 본래 옥순이가 고국 생각을 너무 하고 밤낮 근심으로 보내는 고로, 옥남이가 옥순이를 볼 때마다 옥순이를 웃기고 위로하던 터이라. 그 신문의 기재한 제목은 한국 대개혁이라 하였는데, 대황제 폐하 전위하시던 일이라. 옥순이가 그 신문을 다 본 후에 옥남이와 옥순이가 다시 의논이 부산하다.

(옥순) "이애 옥남아, 세계 각국에 개혁 같은 큰 일이 없고 개혁같이 어려운 일은 없는 것이라. 우리 나라에서 수십 연래로 개혁에 착수하던 사람들이 나라에 충성을 극진히 다하였으나, 우리 나라 백성은 역적으로 알고 적국 백성은 반대하고 원수같이 미워한 고로, 개혁당의 시조되는 김옥균 같은 충신도 자객의 암살을 면치 못하였고, 그 후에 허다한 개혁당들도 낱낱이 역적 이름을 듣고 성공치 못하였는데 지금 이렇게 큰 개혁이 되었으니, 네 생각에 앞일이 어찌 될 듯하냐?"

옥남이가 한참 동안을 말없이 가만히 앉았다가 우연 탄식이라.

(옥남) "지금이라도 개혁만 잘 되면 몇십 년 후에 회복될 도리가 있지요. 내가 이 때까지 누님께 듣기 좋은 말만 하고 조금도 걱정되는 일은 말하지 아니하였더니 오늘 처음으로 내 마음에 있는 말을 다 하리다. 만일 우리 나라가 칠십 년 전에 개혁이 되어서 진보를 잘 하였다면, 우리 나라도 세계 일등 강국이 되어 해삼위에 아라사 사람이 저러한 근거지를 잡기 전에 우리 나라가 먼저 착수하였을 것이오. 만일 오십 년 전에 개혁이 되었다면 해삼위는 아라사 사람에게 양도하였으나, 청국 만주는 우리 나라 세력 범위 안에 들었을 것이오. 만일 사십 년 전에 개혁이 되었으면 우리 나라 육해군의 확장이 아직 일본만 못하나, 또한 당당한 문명국이 되었을 것이오. 만일 삼십 년 전에 개혁이 되었으면 삼십 년 동안에 또한 중등 강국은 되었을지라. 남으로 일본과 동맹국이 되고 북으로 아라사 세력이 뻗어나오는 것을 틀어막고 청국의 내버리는 유리를 취하여 장차 대륙에 전진의 길을 열어서 불과 기년에 또한 일등 강국을 기약하였을 것이오. 만일 이십 년 전에 개혁이 되었으면 이십 년 동안에 나라 힘이 크게 떨치지는 못하였더라도 인민의 교육 정도와 생활의 길이 크게 열려서 국가의 독립하는 힘이 유하였을 것이오. 만일 십 년 전에 개혁이 되었을 지경이면

오호만의라, 나라 일 하기가 대단히 어려운 때이라. 비록 남의 힘을 빌리지 아니하고 내 힘으로 개혁을 하였더라도 백공천창의 꿰매지 못할 일이 여러 가지라. 그러나 개혁한 지 십 년만 되었더라도 족히 국가를 보존할 기초가 생겼을 터이라. 그러한즉 우리 나라의 개혁 조만의 그 이해가 이러하거늘, 정치 개혁은 아니 하고, 도리어 나라 망할 짓만 하였으니 그런 원통한 일이 있소? 지금 우리 나라 형편이 어떠하냐 할진대, 말 한 마디로 그 형편을 자세히 말하기 어려운지라. 가령 한 사람의 집으로 비유할진대, 세간은 다 판이 나고 자식들은 다 난봉이라, 누가 보든지 그 집은 꼭 망하게만 된 집이라. 비록 새 규모를 정하고 치산을 잘 할 도리를 하더라도 어느 세월에 남의 빚을 다 청장하고, 어느 세월에 그 난봉된 자식들을 잘 가르쳐서 사람 치러 다니고 형제간에 싸움만 하고 밤낮으로 무슨 일만 저지르던 것들이 지각이 들어서 집안에 유익 자식이 되도록 하기가 썩 어려울지라. 우리 나라의 지금 형편이 이러한 터이라. 황제 폐하께서 등극하시면서 일반 정치를 개혁하시니 만고에 영걸하신 성군이시라. 우리도 하루바삐 우리 나라에 돌아가서, 우리 배운 대로 나라에 유익한 사업을 하여 봅시다."

하더니 옥순의 남매가 그 길로 시엑기 아니스 집에 가서 그 사정을 말한다. 그 때 시엑기 아니스는 나이 많고 또 병중이라. 그 재물을 다 흩어서 고아원과 자선 병원에 기부하고 그 자손은 각기 그 학력으로 벌어먹으라 하고 옥남의 남매에게 미국 지화 오천 류를 주며 고국에 가라 하니, 옥순이와 옥남이가 그 돈을 고사하야 받지 아니하고, 다만 여비로 오백 류만 달라 하여 가지고 미국을 떠나는데, 시엑기 아니스는 그 후 삼 삭 만에 세상을 버리고 먼 천당길을 갔더라.

옥순이와 옥남이가 부산에 이르러서 경부 철도를 타고 서울로 향하여 오는데, 먼산을 바라보고 소리 없는 눈물이 비오듯 한다. 토피 벗은 자산에 사태가 길이 난 것을 보면 저 산의 토피를 누구들이 저렇게 몹시 벗겨 먹었누 하며 옛일 생각도 나고 저 산이 언제나 수목이 울밀하게 될꼬 하며 앞일 생각도 한다. 산 밑 들 가운데 길가에 게딱지같이 납작한 집을 보면 저것도 사람 사는 집인가 싶은 마음이 든다. 옥순의 남매가 어렸을 때 그런 것을 보고 자라났지마는 처음 보는 것같이 기막히는 마음뿐이라.

그러나 한 가지 위로되는 마음은, 융희 원년은 황제 폐하께서 정치를 개혁하신 해라. 다시 마음을 활발히 먹고 서울로 올라와서 하루도 쉬지 아니하고 그 길로 강릉으로 내려간다. 강릉 경금 동네에 웬 양복 입은 남자와 양복 입은 부인이 교군을 타고 오다가 동네 가운데에서 교군을 내려 나오더니 최 본평 집을 묻는데 그 동네에서 양복 입은 부인을 처음 보던지, 구경꾼이 앞뒤로 모여들고 개 짖는 소리에 말소리가 자세 들리지 아니한다.

그 양복 입은 부인은 옥순이요, 남자는 옥남이라. 동네 사람들이 옥순의 남매가 왔다는 말을 듣고 따라 서서 본평 집으로 데리고 가는데 사람이 모여들고 모여든다.

김정수의 부인은 어디서 듣고 그렇게 빨리 쫓아오던지 달음박질을 하다가 짚신짝이 앞으로 팽개를 치는 듯이 벗어져 나가다가, 길 아래 논에 뚝 떨어지는 것을 보고 건질 새도 없이 버선 바닥으로 쫓아와서 옥순이와 옥남이를 붙들고 울며 본평 집으로 간다.

이 때는 가을이라, 서리 맞은 호박잎은 울타리에 달려 있어 바람에 버썩버썩하는 소리뿐이요, 마당에는 거친 풀이 좌우로 우거졌는데, 이 집에도 사람이 있나 싶은 그 집이 본평 집이라.

옥남이는 생각나는 일도 있고 잊어버린 일도 많지마는 옥순이는 눈에 보이는 물건이 차차 볼수록 어제 보던 물건 같고 옛일을 생각할수록 어제 지내던 일같이 생각이 난다.

옥순의 남매가 그 어머니 방으로 들어가는데, 그 어머니는 살아 있으나 뼈만 엉성하게 남고, 그 중에 늙어서 머리털은 희뜩희뜩하고 귀신 같은 모양으로 미친 증세는 이전에 볼 때보다 조금도 다를 것이 없는지라. 옥순이가 어머니 앞으로 달려들며,

"어머니 어머니, 옥순이·옥남이가 어머니를 떠나서 만리 타국에 공부하러 갔다가 오늘 집에 돌아왔소. 어머니어머니, 어머니가 어찌하여 지금까지 병환이 낫지 못하셨단 말이오!"

하며 기가 막혀 우느라고 다시 말을 못하는데, 옥남이가 그 어머니 앞에 마주 앉아 울며,

"어머니, 날 좀 자세히 보시오, 내가 어머니 아들이오. 아버지께서 원통히 돌아가신 후에 어머니가 철천지 한을 품고 계신 중에 유복자로 나를 낳으시고 이런 병이 들으셨다 하니, 나 같은 불효자가 아니 났더면 어머니가 저런 병환이 아니 들으셨을 터인데……."

그 말끝을 마치지 못하여 본평 부인이 소리를 버럭 지른다.

"무엇이냐 응, 불효라니? 이놈 네가 뉘 돈을 뺏어 먹으려고 누구더러 불효부제라 하느냐? 이놈, 이 때까지 아니 죽고 살아서 백성의 돈을 뺏어 먹으려 든단 말이냐?"

하며 미친 소리를 한다. 옥남이가 목이 메어 울며,

"어머니 어머니, 어머니가 저런 마음으로 병이 들으셨소그려. 지금은 백성의 재물 뺏어 먹을 사람도 없고 무리한 백성을 죽일 사람도 없는 이 세상이오."

본평 부인이 이 말을 어찌 알아들었든지,

"응 무엇이야? 그 강원 감사 같은 놈들이 다 어디 갔단 말이냐?"

(옥남) "어머니가 그 말을 알아들으셨소? 지금 세상은 이전과 다른 때요. 황제 폐하께서 정치를 개혁하셨는데 지금은 권리 있는 재상도 벼슬 팔아먹지 못하오. 관찰사·군수들도 잔학 생민하던 옛버릇을 다 버리고 관항돈 외에는 낯선 돈 한 푼 먹지 못하도록 나라법을 세워 놓은 때올시다. 아버지께서 이런 때에 계셨더면 재물을 아무리 많이 가졌더라도 그런 화를 당할 리가 없으니 아버지께서도 지하에서 이런 줄 알으실 지경이면 천추의 한이 풀리실 터이니, 어머니께서도 한 되던 마음을 잊어버리시고 여년을 지내시오. 나는 어머니 유복자 옥남이오."

본평 부인이 정신이 번쩍 나서 옥남이와 옥순이를 붙들고 우는데, 첩첩한 구름 속에 묻혔던 밝은 달 나오듯이 본정신이 돌아오는데 운권청천이라. 옥남이를 붙들고 울며,

"이애, 네가, 네가 하늘에서 떨어졌느냐? 땅에서 솟았느냐? 내 속에서 나온 자식이 이렇게 자라도록 내가 모르고 지냈단 말이냐? 옥남아, 네 이름이 옥남이란 말이냐? 어디로 갔다가 이제야 왔느냐? 너의 아버지 돌아가실 때도 젊으셨던 때라 네 얼굴을 보니, 너의 아버지를 닮은들 어찌 그렇게 천연히 닮았느냐? 이애 옥순아, 너는 너의 아버지 돌아가실 때에 어린아이라, 어렸을 때 일을 자세히 생각할는지 모르겠다마는 너는 너의 아버지 얼굴을 못 생각하거든 옥남이를 보아라. 이 애 옥순아, 네가 벌써 자라서 저렇게 되었단 말이냐? 내가 본정신으로 너희들을 다시 만나 보니, 오늘 죽어도 한을 잊어버리고 죽겠다. 그러나 너의 아버지께서 살았다가 저런 모양을 보셨으면 오죽 좋아하셨으며, 또 평생에 나라를 위하여 근심하시고, 우리 나라 백성을 위하여 근심하시더니, 탐관 오리들이 다 쫓겨서 산 깊이 들어앉았는 이 세상을 보셨으면 오죽 좋아하시겠느냐? 나와 같이 절에나 올라가서 너희 아버지 연화 세계로 가시도록 불공이나 하고 너희들은 너희 아버지 계신 연화

세계로, 이 세상이 태평 세계 되었다고 축문이나 읽어라."

옥순의 남매가 뜻밖에 어머니 병이 나은 것을 보더니 마음에 어찌 좋던지, 그 이튿날 그 어머니를 모시고 절에 가서 불공을 한다.

극락전 부처님은 말없이 가만히 앉았는데 만수향 연기는 맑은 바람에 살살 돌아 용트림하고 본평 부인이 축원하는 소리는 처량하다.

절 동구 밖에서 총소리 한 번이 탕 나면서, 웬 무뢰지배 수백 명이 들어오더니 옥남의 남매를 붙들어 내린다.

옥순이와 옥남이는 학문과 지식이 넉넉한 사람이라 조금도 겁나는 기색이 없고 천연히 붙들려 나가는데, 그 무뢰지배가 옥순의 남매를 잡아놓고 재약한 총부리를 겨누면서,

(무뢰) "네가 웬 사람이며, 머리는 왜 깎았으며, 여기 내려오기는 무슨 정탐을 하러 왔느냐? 우리는 강원도 의병이라 너 같은 수상한 놈은 포살하겠다."

하며 기세가 당당한지라 옥남이가 천연히 나서더니, 일장 연설을 한다.

"여보시오 우리 동포, 들어보시오. 나는 동포를 위하여 공변되게 하는 말이니, 여러분이 평심서기하고 자세히 들으시오. 의병도 우리 나라 백성이요, 나도 우리 나라 백성이라. 피차에 나라 위하고 싶은 마음은 일반이나, 지식이 다르면 하는 일이 다른 법이라. 이제 여러분 동포께서 의병을 일으켜서 죽기를 헤아리지 아니하고 하시는 일이 나라에 이롭고자 하여 하시는 일이요, 나라에 해를 끼치려는 일이오? 말씀을 하여 주시오. 내가 동포를 위하여 그 이해를 자세히 말하면, 여러분의 마음과 같지 못한 일이 있어서 나를 죽이실 터이나, 그러나 내가 그 이해를 알면서 말을 아니 하면 여러분 동포가 화를 면치 못할 뿐 아니라 국가에 큰 해를 끼칠 터이니, 차라리 내 한몸이 죽을지라도 여러분 동포가 목전의 화를 면하고, 국가 진보에 큰 방해가 없

도록 충고하는 일이 옳을 터이라. 여러분이 나를 죽일지라도 내 말이나 다 들은 후에 죽이시오. 여러분 동포가 의리를 잘못 잡고 생각이 그릇 들어서 요순 같은 황제 폐하 칙령을 거스리고 흉기를 가지고 산야로 출몰하며 인민의 재산을 강탈하다가 수비대 일병 사오십 명만 만나면 수십 명 의병이 더 당치 못하고 패하여 달아나거나, 그렇지 않으면 사망 무수하니, 동포의 하는 일은 국민의 생명만 없애고 국가 행정상에 해만 끼치는 일이라. 무엇을 취하여 이런 일을 하시오? 또 동포의 마음에 국권을 잃은 것을 분하게 여긴다 하니, 진실로 분한 마음이 있을진대 먼저 국권 잃은 근본을 살펴보고 장차 국권이 회복될 일을 하는 것이 옳은 일이라. 우리 나라 수십 연래 학정을 생각하면 이 백성의 생명이 이만치 남은 것이 뜻밖이요, 이 나라가 멸망의 화를 면한 것이 그런 다행한 일이 있소. 우리 나라 수십 연래 학정은 여러분이 다같이 당한 일이니, 물으실 리가 없으나 나는 내 집에서 당하던 일을 말씀하리다. 내 선인도 재물냥이나 있는 고로, 강원 감영에 잡혀 가서 불효 부제로 몰려서 매 맞고 죽은 일도 있고, 그 일로 인연하여 집안 화패가 무수하였으니, 세상에 학정같이 무서운 건 없습니다. 여보, 그런 한심한 일이 있소? 이야기를 좀 들어 보시오. 내가 미국 가서 십여 년을 있었는데, 우리 나라 사람 하나를 만나서 말을 하다가 그 사람이 관찰사 지낸 사람이라 하는 고로, 내가 내 집안에서 강원감사에게 학정 당하던 생각이 나서 말하나니 탐장하는 관찰사는 죽일 놈이니 살릴 놈이니 하였더니, 그 사람이 하는 말이, '그런 어림없는 말 좀 마오. 관찰사를 공으로 얻어먹는 사람이 몇이나 되오? 처음에 할 때도 돈이 들려니와, 내려간 후에 쓰는 돈은 얼마나 되는지 알고 그런 소리를 하오? 일 년에 몇 번 탄신에 쓰는 돈은 얼마나 되며 그 외에는 쓰는 돈이 없는 줄로 아오? 그래, 몇 푼 되지 못하는 월급만 가지고 되겠소? 백성의 돈을 아니 먹으면 그 돈 벌충은 무슨 수로 하오? 만일 관찰사로 있어서 돈 한 푼 아니 쓰고 배기러 들다가 벼락은 누가 맞게?' 하는 소리를 듣고 내가 기가 막혀서 말대답을 못하였소. 대체 그런 사람들이 빙공 영사로 백성의 돈을 뺏으려는 말이요, 탐장을 예사로 알고 하는 말이라. 그러한 정치에 나라가 어찌 부지하며 백성이 어찌 부지하겠소? 그렇게 결딴난 나라를 황제 폐하께서 등극하시면서 덕을 헤아리시고 힘을 헤아리셔서 나라 힘에 미쳐 갈 만한 일은 일신 개혁하시니, 중앙 정부에는 매관 매직하던 악습이 없어지고, 지방에는 잔학 생령하던 관리가 낱낱이 면관이 되니, 융희 원년 이후로 황제 폐하께서 백성에게 학정하신 일이 무엇이오? 여보 동포들, 들어 보시오. 우리 나라 국권을 회복할 생각이 있거든 황제 폐하 통치하에서 부지런히 벌어 먹고 자식이나 잘 가르쳐서 국민의 지식이 진보될 도리만 하시오. 지금 우리 나라에 국리민복될 일은 그만한 일이 다시 없소. 나는 오늘 개혁하신 황제 폐하의 만세나 부르고 국민 동포의 만세나 부르고 죽겠소."

하더니 옥남이가 손을 높이 들어,

"대황제 폐하 만세, 만세, 만세! 국민 동포 만세, 만세, 만세!"

그렇게 만세를 부르는데 의병이라 하는 봉두돌빈의 여러 사람들이 아우성을 지르며,

"저놈이 선유사의 심부름으로 내려온 놈인가 보다. 저놈을 잡아가자."

하더니 풍우같이 달려들어서 옥남의 남매를 잡아가는데, 본평 부인은 극락 천부처럼 앞에 엎드려서 옥남의 남매를 살게 하여 줍시사 하는 소리뿐이라.

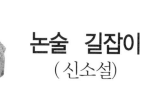

논술 길잡이
(신소설)

〈**설중매**〉는 번안소설로, 원작은 1886년에 일본 스에히로 뎃초가 쓴 같은 제목의 〈설중매〉이다. 정치소설이란 표제를 달고 있으며, 신소설의 보편적 특징을 골고루 갖춘 작품이다. 갑오개혁 이후 격변하는 정치상황에서 선구자적인 지식인 이태순과 신여성 장매선이 자유와 독립을 찾으려고 벌이는 투쟁과 열정을 담은 소설이다. 그러나 원작의 일부만을 번안한 한계 때문에 완전한 작품 구조를 지니지 못하고 있다.

〈**은세계**〉는 〈혈의 누〉와 함께 이인직의 대표작으로서, 이인직의 정치 이념을 표현한 소설이다.
봉건 지배층의 정치적인 부패에 따른 백성에 대한 착취, 이에 항거하는 민중의 반항 의식, 이같이 낡은 봉건 체제를 혁신하기 위한 개화 사상 등이 그 주제이다.
신소설이 대개 가정 소설의 범주에서 벗어나지 못하고 있는 데 비해 〈은세계〉는 양반의 학정에 견디다 못해 분연히 일어서는 한 양반의 고발 정신과 저항적인 생활을 객관화하여 그리고 있는 데 그 특징이 있다. 그러나 소설 구성면에서는 고대 소설의 구조에 머물러 있고 사건 진행의 측면에서도 긴장감이 결여되어 있다.

논술 길잡이
(신소설)

❶ 아래 그림들은 〈설중매〉에 나오는 것들이다. 그림을 보고
내용을 연결하여 그 줄거리를 간단히 써 보자.

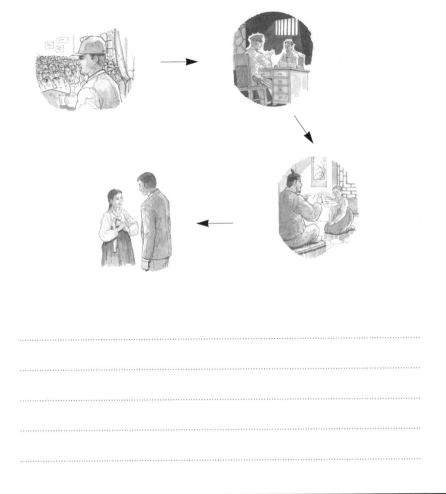

논술 길잡이
(신소설)

❷ 〈은세계〉에는 양반들이 억울한 사람을 끌어다 죽이고, 재산을 빼앗는 등의 악행을 저지르는 대목이 많이 나온다. 아래 예문과 같이 양반들이 저지르는 잘못이 무엇무엇인지 본문에서 찾아 써 보자.

> 집장 사령의 죽지를 떼어라, 오금을 끊어라 하는 서슬에 집장 사령이 매질을 어떻게 몹시 하였던지 형문 한 치에 최병도가 정신이 있으락 없으락 할 지경인데, 그러한 최병도를 큰칼을 씌워서 옥중에 내려 가두니 그 옥은 사람 하나씩 가두는 별옥이라. 별옥이라 하면 최씨를 대접하여 특별히 편히 있을 곳에 가둔 것이 아니라 부자를 잡아오면 가두는 곳이 따로 있는 터이라.

논술 길잡이
(신소설)

❸ 〈설중매〉에는 갑오개혁 후의 한국 현실이 잘 드러나 있다.
당시의 사회상이 가장 잘 느껴지는 대목을 찾아 그 내용을
간단히 써 보라.

....

....

....

....

....

❹ 〈은세계〉는 봉건 지배층의 착취에 대한 민중의 반항 의식을
다룬 작품으로, 작가의 정치 이념이 드러나 있다. 본문 중
그러한 특성이 강하게 나타나 있는 부분을 찾아 써 보자.

....

....

....

....

....

논·술·한·국·대·표·문·학 〈전60권〉

펴 낸 이   정재상
펴 낸 곳   훈민출판사
주   소   경기도 고양시 덕양구 원당동 416번지
대 표 전 화 (031)962-3888
팩   스   (031)962-9998
출 판 등 록 제395-2003-000042호